大学生のための
社会人入門トレーニング

コミュニケーション編　　真田治子／野原佳代子／長谷川守寿［編著］

テキスト

三省堂

本文組版・装幀
(有)オーポン　五味崇宏

はじめに

　本書は、近い将来、社会人になって企業などに就職して働くことを目指す大学生のために、仕事の場で必要とされるコミュニケーション能力と基本的な文書作成における日本語表現を、わかりやすく学べるように編集したものです。本書で学ぶことによって、入社後の挨拶の仕方から電話での応対、会社で使われる主な文書の雛形まで、効率よく学ぶことができます。

【本書の主な対象】
- 就職活動中の大学3・4年生、短大2年生
- 卒業後に就職を目指す大学1・2年生、短大1年生
- 日本語能力試験N1（旧称1級）レベル以上の留学生

　本書は、就職予定の高校3年生や社会人になったばかりの人にも適しています。特に企業の人との話し方に不安がある学生や、社会人としての言葉遣いにまだ慣れていない人、会社で使われる一般的な文書の形式がよくわからないという人に、大きな効力を発揮します。

【本書の構成】
　本書は、以下のように構成されており、それぞれ、次のような内容を学びます。
Ⅰ　コミュニケーション：挨拶の仕方や、敬語の使い方、電話の応対、イベントの予定の組み立て方、相手に配慮した意見の言い方や説得の仕方など、社会人としての基本的な対話の方法を学びます。
Ⅱ　社内文書：ビジネスレターの基本的な書式や、報告書・企画書・稟議書など社内でよく使われる文書に記載する項目と、その表現を学びます。
Ⅲ　社外文書：ⅠとⅡの内容を踏まえ、依頼状・詫び状・抗議状など社外に出す文書の書式と、相手に配慮した表現を学びます。

【本書の特徴】
- 「テキストによる解説」→「トレーニングシートを用いた作業」→「テキストによる確認」という能動的な学習スタイルを実現しました。活字ばかりを目で追う受動的な学習とは異なり、飽きることなく取り組めます。
- 大学での日本語表現の学習を通して、社会人としてのコミュニケーション能力や文書作成術、相手への配慮表現などを身につけることができる、新しい内容の教科書です。
- 1章分の分量が、大学の授業1～2回分に対応しており、集中力が持続できるようになっています。
- 大学生が社会人になった時の準備としてだけでなく、就職活動における企業担当者との対話や文書作成も意識して作成されています。

【本書の使い方】
1　このテキストと、別冊のトレーニングシートの2冊を使って学習を進めます。
2　まず、このテキストを読み進めてください。各章は、解説と例で構成されています。例を読み進めると、'▱'が出てきます。このマークが出てきたら、テキストの指示に従ってトレーニングシートの課題に取り組んでください。
3　トレーニングシートの課題が終わると、'📖'があります。'📖'が示すテキストのページに戻って、例を見ながら課題の内容を確認してください。終わったら、再びテキストを読み進めてください。
4　トレーニングシートには、必要に応じて「発展問題」がついています。積極的に挑戦してみてください。
5　課題をするにあたって、トレーニングシートのスペースが足りなくなった場合は、トレーニングシート巻末の解答用紙やノートに書いても結構です（教員の指示がある場合には、それに従ってください）。
6　Ⅰ部から順を追って取り組む方がわかりやすいのですが、興味のあるところを読むだけでも「社会人としての表現の基礎」を学ぶことができます。
7　大学の授業用テキストとしても、自学自習用としても使うことができます。
8　各章の会話例・文書例はその章で学ぶべき内容を、ポイントをしぼって示しています。本書で学ぶことによって一般的な表現を身につけることができます。
9　テキストの巻末には付録として「ビジネスレターの定型表現」「封筒の書き方」「ビジネスメールの書式」がついています。学習が終わった後も手元に置いて、必要な時に参照することができます。

〈本書を教科書として利用する先生方へ〉
　本書は、半期・通年の別を問わず、大学の授業の教科書として使いやすいように作られています。本書を教科書として採用してくださる先生には解説集を提供する予定です。詳しくは、三省堂HP（http://www.sanseido.co.jp/）をご覧ください。
※特に断り書きのない限り、本書で示されている固有名詞やデータは架空のものです。なお、文書の書式は、会社により多少異なりますので、各社の書式集やその記入例などがある場合は、それらも適宜参照してください。

　本書の執筆にあたり、三省堂の飛鳥勝幸氏と翔文社の田中敦子氏、オーポンの五味崇宏氏には大変お世話になりました。記して感謝申し上げます。また、本書の企画にあたっては國學院大學・諸星美智直先生のご発表「ビジネス文書におけるポライトネス・ストラテジーについて」（第279回近代語研究会）を参考にいたしました。貴重なご意見をくださった、首都大学東京・東京工業大学・立正大学・流通経済大学・名桜大学他の学生さん方にも、篤く御礼申し上げます。

はじめに ... 1

Ⅰ　コミュニケーション

1. 挨拶をする―初対面の挨拶・名刺交換 ... 4
2. 依頼する・質問する―相手の事情も考慮する ... 8
3. 敬語を使う―尊重する気持ちを言葉で表す ... 12
4. 電話の応対をする―電話をかける・受ける・アポを取る ... 18
5. スケジュールをひく―仕事の段取りを組み立てる ... 22
6. 図表を解説する―資料を上手に利用する方法 ... 26
7. クレームをつける―冷静に対応する ... 30
8. 意見を述べる―賛成する・反対する・保留する ... 34
9. 説得する―段階をふんで話を進める ... 38

Ⅱ　社内文書

10. ビジネス文書を学ぶ―ビジネス文書の書式を知る ... 42
11. 報告書を作る―過不足なく伝える ... 44
12. 連絡・確認書を書く―簡潔に、的確に伝える ... 48
13. 議事録を作る―ポイントをまとめる ... 52
14. 企画書を作る―説得力のある文章を書く ... 56
15. 稟議書を書く―理由を説明する ... 60
16. 始末書を書く―状況説明と反省 ... 64

Ⅲ　社外文書

17. ビジネス文書を書く―案内状を書く ... 68
18. 回答書を書く―承諾する場合・断る場合 ... 72
19. 依頼状を書く―配慮しつつお願いする ... 76
20. 詫び状を書く―不備の謝罪・責任範囲の明確化 ... 80
21. 督促状・抗議状を書く―婉曲的な申し入れ ... 84

付録

① ビジネスレターの定型表現 ... 88
② 封筒の書き方 ... 90
③ ビジネスメールの書式 ... 92

参考文献 ... 94

I コミュニケーション 1

挨拶をする

初対面の挨拶・名刺交換

　初対面での挨拶や自己紹介は、その人の印象を決定づけ、その後の商談にも影響する重要なものです。明るく、はきはきと話し、相手にいい印象を残せるようにしましょう。

- **社内での自己紹介（1）**　先輩、上司への挨拶

　配属先の部署名、名前を述べてから、「よろしくお願いいたします」と相手に指導を仰ぐ言葉で締めくくります。先輩、上司など、目上の人に対しては、まず自分から進んで挨拶をしましょう。

- **社内での自己紹介（2）**　社内の朝礼、歓迎会などでの挨拶

　最初に「はじめまして」「おはようございます」と挨拶の言葉を述べてから、配属先の部署名、名前を言います。その後に、自分のことを覚えてもらえるよう、出身県や経歴、趣味、また聞き手が不快に思わない程度であれば、特技や長所などについても話してもよいでしょう。事前に余裕があれば、その場の状況や出席者の特徴を把握し、聞き手と共有できる話題を提供できると親しみを抱いてもらえます。

- **社外での自己紹介**　お客様への挨拶

　最初に会社名、続けて所属部署、名前を述べてから、必要に応じて、「私が今回担当になりましたので、よろしくお願いします」「この度は、ご注文ありがとうございました」「先日はお電話で失礼をしました」「〇〇様からのご紹介でうかがいました」など、相手との関係を確認する挨拶を付け加えます。挨拶をしながら、名刺交換も行います。名刺を渡す際に、「弊社の商品にご興味を持っていただき、誠にありがとうございます」「今回のお話には誠心誠意取り

組ませていただきます」など、商談に対する意気込みを付け加えてもよいでしょう。

● **名刺交換**

　名刺交換は必ず立って行います。相手がお客様や目上の人の場合、自分から先に名刺を渡します。名刺入れから名刺を取り出し、胸の高さで相手に向けて、お辞儀をしながら両手で渡します。相手から名刺を受け取る時も、両手でお辞儀をしながら受け取ります。その際、テーブル越しや物越しでの受け渡しにならないように立ち位置に注意しましょう。受け取った名刺は、すぐに名刺入れにしまわず、商談中はテーブルの上に置いておきます。席を立つ時に、名刺入れにしまいます。

> ❗ **気をつけること**
>
> **名刺を忘れてしまった場合**
> 　名刺が不足したり、忘れたりした場合は「あいにく名刺をきらしておりまして、申し訳ございません」と相手にお詫びをします。
>
> **間違えやすい名前の場合**
> 　難しい漢字や間違いやすい字が名前に使われている場合は、例えば「永岡の『なが』は『長い短い』の『なが』ではなく、永久の『えい』の字です。」のように、字の説明をしておくとよいでしょう。相手の名前についても、読み方がわかりにくい場合は確認し、商談終了後に名刺の裏側にメモしておくと役立ちます。

会話例1　社内での自己紹介　上司への挨拶

A：社長、うちの新人のBです。
B：①このたび広報部システム課に配属されました、Bと申します。どうぞよろしくお願いいたします。
C（社長）：こちらこそ、よろしく。若手が増えて、頼もしいですね。即戦力として期待していますよ。
B：はい。頑張ります。よろしくお願いいたします。

注①：紹介に続けて、詳しい情報を付け加えます。「配属されました」のように「です・ます体」を用いると、より改まった表現になります。

▷ P1 問1

会話例2　朝礼での挨拶

A：本日入社した、新人の高橋さんにひと言挨拶をしてもらいます。では、お願いします。
B（高橋）：おはようございます。広報部システム課に配属されました、高橋克也と申します。①本日、初めて皆様と同じ社員章を胸につけ、身の引き締まる思いです。大学では情報処理を専攻しましたが、まだまだ力不足なので、しっかりと勉強して、1日でも早く業務に慣れるよう、努力をしていきたいと思います。どうぞこれからよろしくご指導のほど、お願い申し上げます。

注①：聞き手との共通性に触れると親近感を抱いてもらえます。

▷ P1 問2

会話例3　社外での自己紹介　お客様への挨拶

A：初めてお目にかかります。私、R・WEBデザインの三宅と申します。このたびは、弊社のHP作成サービスにお問い合わせをいただき、ありがとうございました。どうぞよろしくお願いいたします。〈二人に自分の名刺を渡す〉

B：〈相手の名刺を受け取る〉T総合物流広報部で部長をしております百合本と申します。色々とお知恵をお借りしたいと思っています。どうぞよろしくお願いします。〈自分の名刺を渡す〉

A：〈名刺を受け取る〉百合本様、というのは珍しいお名前ですね。

B：ええ。①花の名前の百合です。愛知のほうには多いのですが、関東では珍しいかもしれませんね。

A：そうですね。

C：〈自分の名刺を渡す〉広報部の矢野と申します。②社内のHP管理を担当しています。どうぞよろしくお願いします。

A：〈相手の名刺を受け取る〉よろしくお願いいたします。

注①：珍しい名前の場合は、相手に覚えてもらいやすいように字の説明をしておきましょう。

注②：同じ社で複数の人が出席する場合、それぞれがどのような立場にいるかを説明します。

▷ P2 問3・4

I コミュニケーション 2

依頼する・質問する

相手の事情も考慮する

　依頼する場合は、頼む相手によって表現を変えます。また相手への負担の度合いによっても、頼み方を変えます。質問には、相手から情報を引き出すための質問と、こちらの話について考えてもらうための質問があります。

● **依頼（1）**　頼む相手による表現の違い

　頼み事をするときは、多くの場合、「~てもらえますか」「~てくれませんか」のように「もらえる」や「くれる」を使って疑問形にします。これは、「もらえる」や「くれる」を使うことで、相手から恩恵を受けてありがたいという気持ちを示し、疑問形にすることで、その依頼をうけるかどうかの判断を相手にゆだねることになり、丁寧な表現となるからです。

　下の表の中のいろいろな形は、すべて「もらえる」「くれる」「いただける」「くださる」を含んだ疑問形ですが、下にいくほど丁寧度が増していきます。親しい同僚に頼むのであれば、レベル1のような形でもかまいませんが、上司や社外の人に頼む場合は、レベル3や4のようなより丁寧な形を使います。

レベル	もらえる系	くれる系
1	~てもらえる？ ~てもらえない？	~てくれる？ ~てくれない？
2	~てもらえますか？ ~てもらえませんか？	~てくれますか？ ~てくれませんか？
3	~ていただけますか？ ~ていただけませんか？	~てくださいますか？ ~てくださいませんか？
4	~ていただけますでしょうか？ ~ていただけませんでしょうか？	~てくださいますでしょうか？ ~てくださいませんでしょうか？

● **依頼（2）** 頼む内容による違い

　簡単な仕事を頼む場合と大変な仕事を頼む場合とでは、頼み方が違ってきます。簡単な仕事を依頼する場合は、依頼内容だけを伝えればいいのですが、大変な仕事を依頼する場合は、依頼の前に相手の都合を尋ねたり、申し訳なく思う気持ちを伝えたり、事情説明をしたりするなどします。

● **依頼（3）** クッション言葉

　依頼内容の前に、クッション言葉と呼ばれる表現を添えるとより丁寧です。「すみませんが」「申し訳ございませんが」「恐縮ですが」「恐れ入りますが」「たいへん申し訳ありませんが」「お願いしたいことがあるのですが」「少々お知恵を拝借したいのですが」などです。

● **質問（1）**

　情報や相手の考えを引き出す質問と、こちらの話をよりよく理解してもらうために相手に考えてもらうための質問とがあります。情報を引き出す質問の場合は、教えてほしいことが何なのかを具体的に明確に質問します。何かについて説明したり話したりする場合は、こちらが一方的に話し続けるのではなく、途中で質問を交えながら話した方が相手によりよく理解してもらえます。質問を上手に組み入れて話をしましょう。

● **質問（2）** クローズドクエスチョンとオープンクエスチョン

　YesかNoで答えられる質問や、選択肢の中から答えを選ぶ質問などのように、答えの範囲が限られている質問をクローズドクエスチョンと言います。一方、答えの範囲が限られていない質問をオープンクエスチョンと言います。

　答える側にとって、クローズドクエスチョンは答えやすく、オープンクエスチョンは答えるのが難しい場合があります。いくつか質問をする場合、答えやすいものを先に持ってくる方が、相手に話してもらいやすくなります。質問する側にとって、短時間で結論を出したい場合はクローズドクエスチョンがよく、相手の考えを深く知りたい場合は、オープンクエスチョンが適切です。

会話例1　依頼（相手にかかる負担が軽い）

A：では、①こちらにご住所とご氏名、お電話番号をご記入いただけますか。
B：はい。（記入する）
A：②ありがとうございました。

注①：前置きなしで、依頼内容だけを伝えています。「ご記入いただけますか」などの代わりに、「ご記入願います」や「ご記入をお願いします」などでもかまいません。
注②：依頼した仕事が済んだらお礼を言います。

▷ P3 問1

会話例2　依頼（相手にかかる負担が重い）

A：Bさん、①ちょっとお願いしたいことがあるんですが。
B：はい。何ですか。
A：②この資料、明日の会議で急に必要になったんですけど、今日中に作成が間に合いそうになくて。本当に申し訳ないんですが、1時間だけ残業して手伝ってもらえませんか。③Bさんが手伝ってくれると、とても正確できれいなものができると思うんです。

注①：いきなり依頼内容を話し始めるより、この一言がある方が丁寧です。相手が仕事中なら、「すみません、ちょっと今よろしいですか」のような切り出し方もあります。
注②：依頼することになった状況を説明しています。
注③：なぜあなたに頼んでいるかを説明することもあります。

▷ P3 問2

会話例3　質問（相手から情報を引き出す）

> A：B課長、①ちょっと教えていただきたいことがあるんですが、今よろしいですか。
> B：はい。
> A：②この書類の備考欄なんですが、このような書き方でよろしいでしょうか。

注①：依頼の前に、相手の都合を聞いています。
注②：相手から情報を引き出すときは、質問内容を具体的にはっきりと伝えます。なお、自分で調べてわかることは質問しないようにします。

▷ P4 問3

会話例4　質問（相手に考えさせ、こちらの話をより理解してもらう）

> A：では、本製品について説明させていただきます。この製品の特徴は3点ございまして、1点目がデザイン、2点目が操作性、3点目が価格です。1点目のデザインについてですが、工業デザイナーである○○○○氏にデザインをお願いしました。色は、ブラック、シルバー、イエローの3色をご用意しておりまして、写真がこちらにございます。①○○様は製品のデザインは重視なさいますか。

注①：1点目の特徴の説明の途中で、質問をしています。ここでは、答えやすいクローズドクエスチョンの質問から始めています。さまざまな答えが予想されるので、それらに対する対応の仕方を準備しておかないといけません。

▷ P4 問4

I コミュニケーション 3

敬語を使う

尊重する気持ちを言葉で表す

　仕事においても人間関係はとても大切です。お互いを尊重し合って気持ちのいい関係を作っていくために、ビジネスの場面では敬語の使用が当然のこととされます。相手や自分の立場、その場の状況をとらえ、ふさわしい表現を選びます。敬語の種類と働きを理解し、使い方のルールを知っておく必要があります。

● 敬語の種類

尊敬語

　敬意を示すべき人物の行為・ものごと・状態を表現するときに使われる言葉です。「先生もいらっしゃいますか」の中の「いらっしゃる」は、行為についての尊敬語、「ご住所のご記入をお願いします」の中の「ご住所」は、ものについての尊敬語、「お忙しいところ申し訳ありませんが」の中の「お忙しい」は、状態についての尊敬語です。

謙譲語Ⅰ

　自分側の行為やものごとの向かう先に、敬意を示すべき人物がいる場合に使われる言葉です。「先生のところに伺いたいのですが…」の中の「伺う」は、その行為が向かう先（＝先生）を高める謙譲語Ⅰ、「みなさまへのご説明が不足しておりました」の中の「ご説明」も、それが向かう先（＝みなさま）を高める謙譲語Ⅰです。

謙譲語Ⅱ（丁重語）

　聞き手や読み手に対して丁重に述べる表現です。主に自分側の行為やものごとを表現するのに使います。「申す」や「参る」などが謙譲語Ⅱに当たります。謙譲語Ⅰとは働きが違うので注意してください。謙譲語Ⅰの「伺う」は、その行為が向かう先を高めてしまうため、「母のところへ伺いました」のように言うことはできません（母を高めるのはおかしいから）。謙譲語Ⅱの「参る」を

使って、「母のところへ参りました」と言えば問題ありません。「参る」は、向かう先（＝母）を高めることなく、聞き手や読み手に対してだけ丁重に述べる表現だからです。「拙著」「小社」なども謙譲語Ⅱに当たります。

丁寧語

　聞き手や読み手に対して丁寧に述べる表現です。「次の会合は5月10日です」「何時に起きますか」の中の「です」「ます」が丁寧語に当たります。聞き手や読み手に対する敬語という働きは謙譲語Ⅱ（丁重語）と同じですが、自分側か相手側かの区別に関わらず何にでも使えます。「ございます」はさらに敬度の高い丁寧語です。

美化語

　きれいに述べる表現です。「お茶」「お菓子」などがその例です。上の「尊敬語」「謙譲語Ⅰ」「謙譲語Ⅱ（丁重語）」「丁寧語」が使われる文脈で、この「美化語」もよく使われます。

●敬語の形式

特別な形が決まっているもの

　特別な形をもつ尊敬語には、「おっしゃる」「いらっしゃる」「召し上がる」などがあります。特別な形をもつ謙譲語Ⅰには、「申し上げる」「伺う」「いただく」などがあります。特別な形をもつ謙譲語Ⅱには、「申す」「参る」などがあります。よく使われるものを下に記します。

	尊敬語	謙譲語Ⅰ	謙譲語Ⅱ
行く・来る	いらっしゃる	伺う	参る
いる	いらっしゃる		おる
する	なさる		いたす
言う	おっしゃる	申し上げる	申す
見る	ご覧になる	拝見する	
知っている	ご存じ	存じ上げる	存じる
会う		お目にかかる	
食べる	召し上がる	いただく	

多くの単語に適用して作られる形

　尊敬語の場合は、「〜れる・られる」「〜なさる」「お・ご〜になる」「お・ご〜なさる」「お・ご〜です（だ）」「お・ご〜くださる」などがあります。謙譲語Ⅰの場合は、「お・ご〜する」「お・ご〜申し上げる」「お・ご〜いただく」などがあります。謙譲語Ⅱの場合は、「〜いたす」があります。

●注意点

　敬語の間違いで多いのは、尊敬語と謙譲語の混同です。また、「おっしゃられる」のような二重敬語にも注意してください。そして、高めるべき人物の範囲にも気をつけましょう。外部の人に向かっては、内部の人間を高めた表現は使いません。外部の人への敬意が優先します。

●呼称

　「あなた」は敬意を示すべき人に対して使えません。また、「田中部長」のように役職名をつけた呼称は敬称になるので、外部の人に対しては自分の上司のことを「(部長の) 田中」のように表現します。

●改まり語

　「今日」を「本日」、「すぐに」を「直ちに」などのように格調高く言い換えたものを「改まり語」と言います。敬語を用いる言葉遣いには、この改まり語が似合います。丁寧さや改まりの気持ちをより感じさせる表現になります。

文例1　尊敬語・謙譲語Ⅰ・謙譲語Ⅱ

明日、先生は東京へ[1]いらっしゃいます。
明日、先生のところへ[2]伺います。
明日、弟のところへ[3]参ります。

注[1]：尊敬語で、この行為の主である先生を高めています。
注[2]：謙譲語Ⅰで、この行為が向かう先である先生を高めています。「弟のと

ころへ伺います」は弟を高めてしまうので誤用です。
注③：謙譲語Ⅱで、聞き手に対する敬語です。

▷ P5 問1

文例2　一般形

	尊敬語	謙譲語Ⅰ	謙譲語Ⅱ
回答する	①回答される 回答なさる ご回答になる ご回答なさる ご回答です／だ ご回答くださる	ご回答する ご回答申し上げる ご回答いただく	回答いたす
答える	①答えられる 答えなさる お答えになる お答えなさる お答えです／だ お答えくださる	お答えする お答え申し上げる お答えいただく	②(なし)

注①：「〜れる・られる」の形は、他の一般形の尊敬語よりも敬度は軽めです。
注②：「〜いたす」は漢語の動詞だけで作れる形なので、「答えいたす」という言い方はできません。なお、「お・ご〜いたす」という形は、謙譲語Ⅰと謙譲語Ⅱの性質を併せ持った敬語です。例えば「課長、その件につきましては私の方からお客様にお答えいたします」という表現においては、行為が向かう先の人物（＝お客様）と聞き手（＝課長）を同時に高めます。

▷ P5 問2

文例3　間違えやすい表現

> × 先生がこの作品を①ご覧になられました。
> × 先生が②ご回答されました。
> × あちらで③伺ってください。
> × ④ご利用してくださいましてありがとうございます。
> × ［社外の人に対して］先ほど⑤山本課長から電話があり、明日10時に佐藤様のところへいらっしゃるとおっしゃっていました。

注①：二重敬語です。「ご覧になる」で十分な尊敬語なのに、さらに「〜（ら）れる」をつけています。この場合は、「ご覧になりました」が正しい言い方です。

注②：「先生がご回答しました」のように、「お・ご〜する」を尊敬語として用いるのは誤りです。「先生がご回答されました」のように「〜ら（れる）」形にしても誤りです。

注③：「伺う」は謙譲語なので、この例のように尊敬語として用いるのは誤りです。「あちらでお尋ねください」「あちらでお聞きください」などのように直します。

注④：「お・ご〜してくださる」「お・ご〜していただく」は誤りです。「ご利用くださいまして」「ご利用いただきまして」とします。「お・ご〜して」の部分が謙譲語Ⅰであり、相手の行為に対し謙譲語を使っていることになるからです。

注⑤：外部の人に対して話すときは、内部の者に対して敬語を使いません。この例では、「山本課長→山本」、「いらっしゃる→伺う」、「おっしゃって→申して」のように、山本課長を高める表現を改めます。

▷ P6 問3

文例4　高速バスの車内アナウンス

　①本日は、O高速バスを②ご利用くださいまして、誠にありがとうございます。このバスは、大阪梅田・なんば行きで③ございます。④ご乗車の際に⑤拝見しました乗車券は⑥お降りの際に乗務員が⑦回収させていただきます。⑧紛失されませんよう大切に⑨お持ちください。万一紛失されますと、再度運賃を⑩お支払いいただく場合もございます。あらかじめご了承ください。途中、道路事情により多少の延着、または一般道路へ迂回することが⑪ございます。あらかじめご了承ください。また安全運転には十分⑫注意いたしておりますが、走行中やむをえず急停車することがありますので、シートベルトを⑬お締めになり、座席からお立ちになりませんよう、ご協力⑭お願いいたします。

注①：「今日」の代わりに使われている改まり語です。
注②：「ご～くださる」という形の尊敬語です。「ご利用いただきまして」という謙譲語Ⅰもよく使われます。
注③：「です」「ます」よりも敬意の高い丁寧語です。
注④：尊敬語です。多くの場合、「ご乗車になる際に」の代わりにこのような短い言い方もできます。
注⑤：「見る」の謙譲語Ⅰで特定形です。／注⑥：尊敬語です。
注⑦：「～させていただく」は、この例のように相手に許可を得て行う動作について言うのが本来の適切な言い方です。
注⑧：「～（ら）れる」という形の尊敬語です。
注⑨：「お～くださる」という形の尊敬語です。
注⑩：「お～いただく」という形の謙譲語Ⅰです。
注⑪：「ある」の意味で使われている敬度の高い丁寧語です。
注⑫：「～いたす」という形の謙譲語Ⅱ(丁重語)です。
注⑬：「お～になる」という形の尊敬語です。
注⑭：「お～いたす」という形の謙譲語Ⅰ＋謙譲語Ⅱの敬語です。

▷ P6 問4

3　敬語を使う　17

I コミュニケーション 4

電話の応対をする

電話をかける・受ける・アポを取る

　社会人として仕事をしていく上で、電話での応対は、重要なコミュニケーションスキルです。特に電話という音声だけのメディアでは、情報を正確に受け取ることが重要になります。

● 電話を受ける前に

　内線と外線では、電話の呼び出し音が異なります。呼び出し音に応じた対応を準備しましょう。また、電話を受ける前に、メモがとれるようにしておきましょう。

● 電話を受ける

　マニュアル通りには、会話はすすみません。特に、電話をかけてきた相手の会社名、氏名は、はっきり聞き取れない場合があります。相手にも問題がある場合もありますが、必ず確認しましょう。また、電話はなるべく3回以内に取るのがよいといわれています。受話器を取るまでに時間がかかった時などには、「お待たせいたしました」などの表現を使いましょう。伝言を受けた後は、メモを見直し、必要に応じて書き直すなどが必要になります。

● 電話をかける前の準備

　話す内容を箇条書きにしておきましょう。緊張する相手や、電話での会話になれていない場合は、言うべき文言を用意しておきましょう。参照することが予想される資料や情報は、手元に用意しておくのもいいでしょう。
　また話す内容が多く長くなりそうな時は、初めに「今よろしいでしょうか」「少々お時間よろしいですか」などと言って、相手の了解を取りましょう。

● 電話をかける

　緊急の場合を除き、電波状態がよく、静かなところからかけましょう。メモを確認したり、時には追記しながら会話を進めます。また一般的に、電話をかけた方が先に切るのがマナーといわれています。

● アポイントを取る

　アポイントメントの取り方には、初めての場合とそれ以外では、特に前置きが異なります。初めての場合、なぜ電話をしてきたのか、どうやってその番号を入手したのかなど、相手の警戒感を増さないためにも前置きは必要です。前置きをつけず、用件をいきなり切り出すと、飛び込みの電話セールスと思われて、電話を切られるか、相手に不快な印象を与え、よい結果は期待できません。

> **❗ 気をつけること**
>
> 　メールでやり取りできる関係が築けるまで、電話でのやりとりがたよりです。必ず確認し、間違いのないようにしましょう。また、相手の顔が見えない電話では、使う言葉によって、人格から所属する組織全体の性格まで判断されてしまいますので、気をつけましょう。

会話例1　社内　電話を受ける

A：はい、庶務部です。
B：企画室のBですが。
A：①お疲れ様です。
B：今日、Cさん、います?
A：Cさん、今、②打ち合わせ中なんですが。
B：あっ、そうですか。じゃあ、伝言お願いできますか。
A：はい、どうぞ。
B：③配布していただく訂正文の件ですが、みんなに相談する時間がとれないので、明日の午前中には送ると言っておいてください。

A：わかりました。訂正文の提出は明日の午前中だと言うことですね。^④では、確かに伝えておきます。
B：じゃ、よろしくお願いします。

注①：特に、夕方、または終業時間に近い場合に使います。午前中ならば、「おはようございます」などの表現を使うこともあります。
注②：社内の人の場合、他に「来客中です」「会議中です」などが使えます。
注③：用件を簡潔に告げる際に用います。
注④：必ず確認してください。

▷ P7 問1

会話例2　社外　伝言を受ける

A（大杉）：はい、K工業、庶務課でございます。
B（菱沼）：いつもお世話になっております。Dレコードの菱沼と申します。
A：いつも大変お世話になっております。
B：課長の神崎様は、いらっしゃいますでしょうか。
A：神崎ですね、大変、申し訳ございません。^①現在来客中でございますが。
B：そうですか。では、ちょっと伝えていただきたいことがあるんですが。
A：はい、どうぞお願いします。
B：納品が遅れておりましたR社製のモニタVA32BK、2台ですが、ご依頼の通り、本日、発送しました。明日には届くと思います。
A：わかりました。モニタが2台明日届くということですね。^②申し訳ございませんが、お名前をもう一度いただいてもよろしいでしょうか。
B：ヒシヌマです。
A：菱沼様ですね。かしこまりました。
B：失礼ですが。
A：^③大杉と申します。

注①：「来客中」「外出中」「休暇中」などの表現に留めましょう。いくら事実

だとしても「食事中」などは避けましょう。
注②：聞き取れなかったものについては、必ず確認しましょう。
注③：「大杉が承りました」など、伝言を受けた自分の名前を伝えます。

▷ P7 問2

会話例3　社外　アポを取る

A：はい、S出版営業部です。
B：いつもお世話になっております。NデザインのBと申します。営業2課のC様はいらっしゃいますか。
A：少々お待ちください。Cさん、2番に、NデザインのBさんから。
C：お電話かわりました。Cです。
B：お世話になっております。NデザインのBです。
C：あっ、お世話になっております。
B：あの先日の表紙のサンプルの件ですが、上がってきましたのでお持ちしたいと思うのですが。
C：そうですか、早いですね。いつ来ていただけますか。
B：そうですね、明日お持ちしましょうか？
C：大丈夫ですか。できれば早いほうがいいので、助かります。
B：時間なんですけど、2時では、如何でしょうか。
C：①2時はちょっと…。②会議が既に入っているんですよ。
B：では、何時頃がよろしいでしょうか。
C：そうですね。11時か、16時なら時間がとれるのですが。
B：はい、それでは16時に伺わせていただきます。
C：ありがとうございます。では、明日16時に。お待ちしております。
B：失礼します。

注①：「都合が悪い」とはっきり言わず、婉曲表現を使います。
注②：既知の相手には、理由を明らかにしてもいいでしょう。

▷ P8 問3

スケジュールをひく

I コミュニケーション 5

仕事の段取りを組み立てる

　展示会やシンポジウムなどのイベントを企画実施する場合の、無理のないスケジュールのひき方、それを関係者と共有するためのわかりやすい表の作り方を学びます。また1週間単位などで自分の仕事の予定を組むことも大切です。ここでは外部機関とのアポイントメントを軸に、仕事のスケジュールをひいてみます。

● 当日のタイムラン

　イベントの当日、開始から終わりまでのスケジュールを表にしたものをタイムランと呼びます。当日のスタッフ全員が共有し、それをもとに動くことができるようにしたもので、準備や後片づけも含みます。

● 共有する

　イベントは複数の関係者が協力して実施するものなので、関係者による情報共有が不可欠です。なるべく社内外の関係者の誰にとっても見やすいものにしておきましょう。そのためには社内でのみ用いられる表現や略語などは避けてください。

● 自分の業務スケジュールをひく

　営業活動を例にして、その実施日から現在までの時間を逆算し、その中でいつまでに何を準備しておくのか、事後に何をするのか、必要な業務を無理なく確実に行えるような計画を立てます。

● アップデートする

　スケジュールや役割分担は最初に作って固定させるものではなく、進み具合

や状況の変化に応じて修正をかけていくものです。また、時間を追ってやらなければならないことや購入すべきものが明らかになっていきます。追加情報を書きこみやすい形にしておくと便利です。またバージョンがいくつもできることが想定されるので、混乱しないようにファイル名に数字をふるなどの工夫も必要です。

文書例1　イベントのプログラム

^①大原洋二博士による講演会プログラム

20XX年6月15日
Z会館3Fホール

18：30　　開場・受付
19：00　　開始・開会の挨拶
19：05　　講演者紹介
19：10　　講演「21世紀の国際化と初等科教育」
20：55　　閉会の挨拶
21：00　　終了

主催：　NPO団体「EF国際教育協会」

注①：上記のイベントをプログラムに沿って実現するためには、複数のスタッフが当日
　　　どのように動くかを決めておき、共有するためのスケジュール表が必要です。
　　　そのタイムランを次に示します。

文書例2　当日のタイムラン

20XX年6月15日

時間	プログラム進行	① 作業	担当者	備考
17：30		・社から現地集合 ・打ち合わせと担当確認	全員	Z会館1Fロビーで集合→3Fホールへ
18：00		・飲み物到着→搬入 ・会場設定	中村・② 鈴木（貴） 大木・井原	③ 配送　㈱篠田 090-XXX-XXXX
18：20		・音響・撮影機材搬入と設置	橘・志村 鈴木（由）	レイアウト図に基づいてセッティング
18：30	開場・受付	・受付開始	市川・中村	
19：00	開始	・開始アナウンス	芹沢	
19：05	開会の挨拶	・主催者挨拶	④ 山田和夫氏	
19：10	講演	・ゲストによる講演スタート ・終了	大原洋二博士	20：40くらいに終演を意識し集合
20：55	閉会の挨拶	・主催者終了の挨拶	山田和夫氏	
21：00	終了	・終演アナウンス→参加者退場の誘導	芹沢 鈴木（由）・市川	
21：15		・撤収作業開始	大木・井原 鈴木（貴）	1Fロビーへ運び出し
21：40		・撤収完了 ・施錠・鍵を返却 ・最終確認	橘 全員	1F管理室へ 直帰

注①：プログラムの進行に沿ってスタッフが行なう作業の詳細を明記します。
　　　連絡用のメールアドレス・電話番号などを明記することもあります。
注②：同名の人員がいるときには混乱しないような書き方をします。
注③：外部の業者については連絡先をスケジュール表に入れておくと便利です。
注④：内部スタッフではない人員には「氏」か「さん」などをつけます。

▷ P9 問1

文書例3　一週間の仕事スケジュール

日にち		作業	扱う企業		備考
			A社	B社	
7月1日(月)	午前	・担当者にアポ確認	○		企画室の但馬さん
	午後	・資料作成・印刷	○		チーフにOKをもらう
2日(火)	午前	・チームでミーティング	○		
	午後	・A社訪問・営業	○		
3日(水)	午前	・報告書をまとめる	○		課長に提出
	午後	・担当者にアポ確認 ・資料作成		○	総務の斉田さん チーフにOKをもらう
4日(木)	午前	・チームでミーティング ・資料印刷		○ ○	
	午後	・B社訪問・営業		○	
5日(金)	午前	・報告書をまとめる		○	課長に提出
	午後	・今週の営業報告を来週のミーティングに向けて作成	○	○	チーフと詳細確認

注①：1社を訪問する予定があるときは、それまでに行う準備と事後処理をセットにして計画を立てます。例）アポイントメントの確認→資料準備→訪問→報告書作成など。

※一日で終えるイベントのタイムランと異なり、詳細に書くよりも必要事項を大まかに記入しておき、確実にこなすようにします。日にちが近づいたら詳細を書き込んでいくのもよいでしょう。

▷ P10 問2

I コミュニケーション 6

図表を解説する

資料を上手に利用する方法

　リサーチした内容の報告、新しい取り組みの企画プレゼンにおいて、数的データ、統計分析結果などを見せることがあります。視覚的に魅力的な形で資料を出しつつ、それを効果的に解説する方法を学びます。

● **データの見せ方**

　データは、ただ数字を並べるのではなくグラフ、図表などにし、誰にでもわかるように見せる方法を工夫しましょう。

　何を主張したいか、どこを強調したいかによって、同じデータでも見せ方を変える必要があります。円グラフ、折れ線グラフなど、機能に応じて適切に選びましょう。また複数の図表を組み合わせるのも効果的です。

● **資料と主張の関係を明確に**

　図表が「何を示しているか」という自分の解釈をきちんと伝えることが大切です。それが自分の出す報告内容や提案をサポートしていることを明確にします。

　わかりにくい図表は、かえってプレゼンそのものの印象を悪くすることもあります。目的は相手の心を動かすことであることを忘れないようにしましょう。

会話例1　図表を見せながら説明する

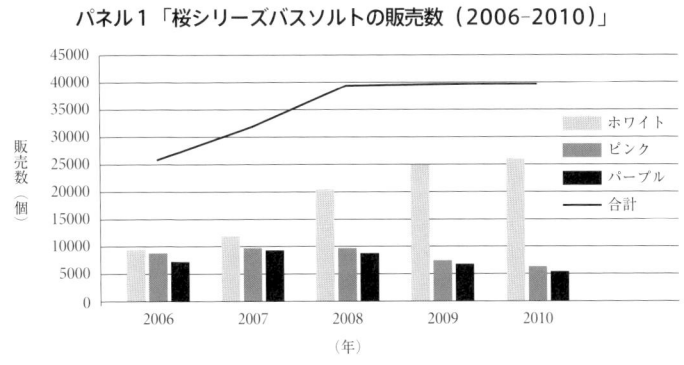

パネル1「桜シリーズバスソルトの販売数（2006-2010）」

A：これから、マーケティング調査企画についてご説明します。対象商品はわが社の桜シリーズバスソルトです。<u>①調査が必要な理由ですが、こちらのグラフをご覧ください</u>（パネル1を見せる）。グラフの各色の棒は、それぞれホワイト、ピンク、パープルのバスソルトの販売数を示しています。折れ線は、販売合計数です。桜シリーズの売れ行きは、2006年から2008年の間は<u>②このように順調に伸びていました</u>（該当箇所を指し示す）。しかし2008年から現在に至るまで、販売数はほぼ横ばいです（該当箇所を指し示す）。<u>③このように売れ行きが停滞しているので、その背景を調査で明らかにする必要があります。</u>

注①：資料を用いる意図を簡潔に提示します。
注②：話に応じて該当する箇所をピンポイントで示します。
注③：数的データからどんなことが言えるかを明確に示します。

▷ P11 問1

会話例2　複数の図表を用いる

> A：とは言うものの、3種類の売り上げがすべて横ばいというわけではありません。今度はこちらを見てください（パネル2の3つのグラフを順番に見せる）。これは、桜シリーズバスソルトの年間総売り上げのうち、各種類のシェアを示したものです。
>
>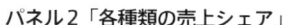
> パネル2「各種類の売上シェア」
>
>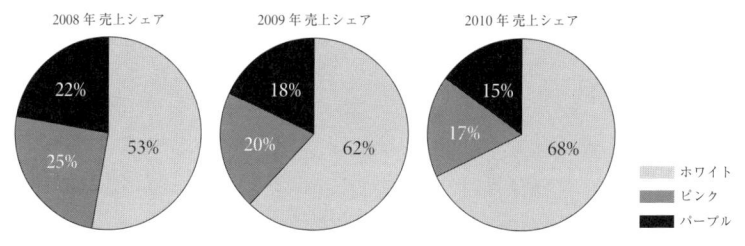
>
> A：桜シリーズのうち、もともとホワイトの人気は高く売り上げの50%以上を占めていますが、①過去3年その売り上げは伸びています（各グラフのホワイトの部分を指し示す）。なぜホワイトに限って売り上げを伸ばしているのかを明らかにするためにも調査が必要です。

注①：とくに割合やシェアを問題にしたいとき、円グラフで示し、時系列順に複数見せると変化がわかりやすく見えます。

会話例3　データを利用して主張を進める

A：前回2008年に実施したマーケット調査結果の一部をご覧ください（パネル3を見せる）。桜シリーズのバスソルトを定期的に購入している人のうち、どの種類をどの年齢層が買っているかを示したものです。このグラフは、それぞれの商品における購入層の割合を横軸で示しています。例えば、①<u>ホワイトを購入しているのは20代、30代、40代女性のうち、30代が多かったことがわかります（ホワイトの部分を指し示す）</u>。
　一方ピンクの購入者は10~20代が50％以上を占め、またパープルは20代以上に広く散っています（ピンク・パープルを順に指し示す）。

B：ここ3年でホワイトの売り上げシェアが伸びているということは、30代の購入者が増えているということなんでしょうか。

A：そのあたりを今回の調査で調べ、売れ行き低迷の打開策につなげたいと思います。いかがでしょうか。

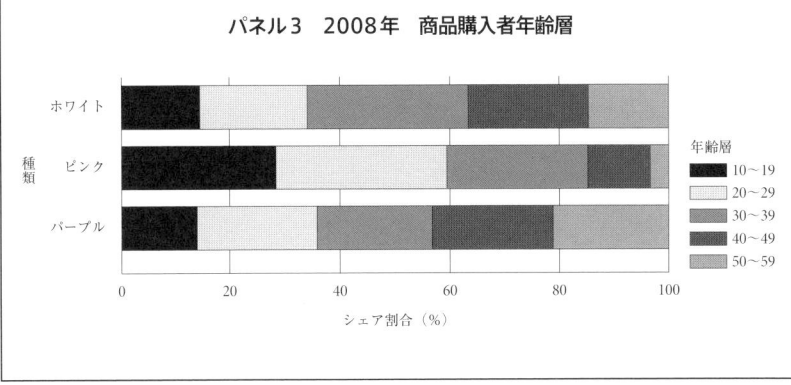

パネル3　2008年　商品購入者年齢層

注①：資料をただ説明するだけでなく、自分の主張がより説得力を持つように解説を組み立てます。

▷ P12　問3

I コミュニケーション 7

クレームをつける

冷静に対応する

　クレームと聞くとあまりいいイメージを持たない人が多いと思います。クレームをつける側、受ける側はお互いに上手に行わないと、長年続いていた取引先との関係が壊れてしまうことがあります。そのため、クレームをつける際には自分の意見を受け入れてもらえるよう配慮し、処理する側は謙虚な姿勢で相手を不快にさせないような表現が求められます。

● **クレームとは**
　クレームというと、ただ文句をつけるだけと感じるかもしれませんが、ここでいうクレームとは不備を指摘し、その処理を求めるものです。クレームをつけることで相手の問題点を指摘し、受ける側はその改善ができます。

● **クレームをつける**
　クレームをつける際に、自分には落ち度がないからと感情的に相手を非難することがありますが、それでは受け手を不快にさせてしまい、受け手に伝えたいことが伝わらない場合があります。クレームをつける際には、冷静に状況を説明し、どのような処理を求めるかを明確に伝えることが大切です。

● **クレームを処理する**
　クレームを受ける側は相手に対して謝るのはもちろんですが、今後同じことが起こらないようにすることが大切です。適度にあいづちを打って相手の話を聞いているという気持ちを示しながら、相手に対してどのような不備があったかを聞き、どのように対応するかを説明するようにしましょう。そして今後同じことが二度と起こらないように処理をできる限り早く行いましょう。

❗ 気をつけること

　クレームをつける側はただ相手を非難することが目的ではなく、その不備についての改善・処理が目的です。感情的になると相手に自分の言いたいことが伝わらず、お互い不快になってしまいます。語調などに注意する必要があります。

　受け手側は謝りながら、相手の言うことを十分に理解する必要があります。言い訳をすると、相手をより不快にさせてしまいます。クレームをつける時点で相手は多少不快な気持ちであるので、受け手はそれを理解しながら、相手のクレームを処理することが大切です。クレームはお互いに嫌なものですが、感情的になることだけは絶対に避けなければなりません。

会話例1　品物が不良品だった場合

> A：はい、コールセンターAです。
> B：①あの、すみません。②先日購入しましたパソコンの電源が入らないんです。不良品のようなんですが…。
> A：そうですか、③大変申し訳ございません。④すぐに担当者からお電話を差し上げますので、ご連絡先をお願いいたします。

注①：いきなり用件から言い出すのではなく、前置きの言葉を言うことで、クレームが多少緩和されます。

注②：クレーム内容について、どのような状況であるかを具体的に説明しましょう。

注③：「申し訳ございません」「失礼致しました」などの謝罪の言葉を必ず言いましょう。

注④：どのように処理するかを相手に伝えます。すぐに処理できない場合はその旨を相手に伝えます。

会話例2　違う商品が届いた場合

A：はい、Aです。
B：D電気のBですが。
A：あっ、いつもお世話になっております。
B：①昨日発注したプリンター、BP-630を注文しましたよね。
A：はい、そう伺っております。
B：届いたのがBP-600なんですが…。
A：②BP-600が届いているんですか。大変失礼いたしました。すぐにBP-630を持って伺います。

注①：自分の不備の可能性もあるので、相手に発注したものを確認しましょう。
注②：型番など間違えやすいものは、必ず確認します。

▷ P13 問1

会話例3　相手に理由をたずね、再発防止を要求する

A：あの、先日注文したエアコン6基がまだ届いていないのですが…。
B：そうですか。申し訳ありません。
A：①何かあったのですか。
B：②実は、工場のトラブルがございまして、出荷が遅れてしまいました。③ご連絡せず申し訳ございません。④明日にはお届けできます。
A：⑤すぐ必要なので、困るんですが…。
B：はい。ご迷惑をおかけして申し訳ございませんでした。⑥以後このようなことがないように注意いたします。⑦お電話ありがとうございました。

注①：理由をたずねるときは、強い口調にならないように気をつけましょう。
注②：理由は具体的に説明します。
注③：必ず謝罪の言葉を入れます。

注④：いつ届くのかを必ず伝えるようにします。
注⑤：相手に自分の事情を話すことで、注意を促しています。
注⑥：以後このようなことを起こさないことを約束するような言葉を述べます。
注⑦：言いにくいことをあえて言ってくれたことにお礼の言葉を言います。

▷ P13 問2

会話例4　値引きがなされていない際のクレーム

A：NマートのAですが、Bさん、いらっしゃいますか。
B：はい、Bです。いつもお世話になっております。
A：①あの、一つ確認したいのですが、先日注文しましたオレンジジュースですが、②10ケース注文した際は15%の値引きですよね。
B：はい、その通りです。
A：請求書を見たのですが、全然値引きされていないのですが…。
B：そうですか、大変失礼いたしました。
A：③すぐに正しい請求書を送っていただけますか。
B：わかりました。早急に正しい請求書をお送りいたします。
A：④今後はお願いしますね。
B：はい、再びこのようなことがないようにいたします。お電話ありがとうございます。

注①：前置きを言って、自分の情報が間違っていないかを確認します。
注②：自分が確認したいことを改めて確認します。
注③：クレームに対してどのようにしてほしいかを相手に伝えます。
注④：相手に再発を防ぐように促します。

▷ P14 問3

I コミュニケーション 8

意見を述べる

賛成する・反対する・保留する

　強い口調や断定的な言葉で相手を言い負かすことではありません。たとえ意見が異なっていても、相手の意見を尊重しながら、自分の意見を述べることが大切です。

● **賛成する場合**
　ただ賛成を表明するだけではなく、何らかのコメントをつけて相手の意見を要約したり、具体例を挙げきちんと理解をした上での賛成であることを示した方がよいでしょう。

● **反対する場合**
　できるだけ理由を付け加えた方がよいでしょう。理由だけ述べたり、根拠を述べてから質問の形で反対の意見を述べたり、相手の意見を認めながら根拠を述べたり、疑問点を挙げて反対の意思を相手に気づかせるなど、いろいろな進め方があります。

> **❗ 気をつけること**
> 　特に反対する場合は、相手の立場やプライドを傷つけるような、直接的な反対はしない方がよいでしょう。直接的な反対をされると、意見ではなく、人格を全て否定されたと受け取る人も多いからです。

会話例1　社内　賛成

A：今回のカタログだけど、今までのN印刷ではなく、別のところに替えてみようかと思うんだけど。
B：①そうですね。②前回はかなりミスも多かったし、その割に値引きも少なかったですしね。
A：小さいところだけど、M印刷はどうだろう。あそこは営業がんばっているようだし。
B：ええ、賛成です。③以前、庶務にいた時に、お願いしたことがありますけど、何よりも仕事は速いし、ノーミスでしたね。
A：じゃあ、次の会議で変更を提案してみよう。

注①：賛成を表明します。他に「いいですね」「私もAさんの意見に賛成です」「そう思います／そう思っていました」のような表現があります。
注②：賛成する理由を述べます。
注③：賛成する理由を別の観点から述べます。

会話例2　社内　反対

A：B部長、装丁のサンプルがあがってきたんですが、どうでしょうか。
B：うーん、①正直なところいうとね。もう少し落ち着いてる色がいいね。
A：②落ち着いた色ですか。
B：今の色だと、軽すぎるように思うんだけど。
A：軽すぎる。
B：うん。もう少し濃い色にして、和の雰囲気を出した方がいいと思うよ。
A：和の雰囲気ですね。わかりました。③もう一度デザイナーと相談してみます。

注①：単刀直入な表現で、上司・部下という関係ならば使用可能です。
注②：相手の表現を用いて、確認しましょう。

注③：反対に遭い、どのような対応をとるのか、表明します。

▷ P15 問1

会話例3　部局外／社外・賛成・反対

（Aさんはブランドメーカーの社員、Bさんは電気機器メーカーの社員です）
A：共同開発中の、携帯電話の広報担当の件ですが……。
B：はい。前回保留の件ですね。
A：ええ、こちらで提案させていただいた、女性向け商品のCMで定評があるD社に任せるということでよろしいでしょうか。
B：①別に反対というわけでもないのですが、こちらでは一度もD社と仕事をしたことがなかったので、一部で心配する声を上がりました。②こちらからの要求としましては、機械系に強いと思われる男性の起用をお願いしたいと考えております。
A：了解しました。それも条件として追加したいと思います。
B：また、CMには、サッカー選手であるSさんはいかがかと思いまして。
A：③うーん、そうですね。
B：女性に人気がありますし、最近では著書もありますし。
A：④なるほど。でも、⑤彼は広い世代の女性に人気があるわけではないですよね。
B：まあ、確かにそうなんですが。
A：せっかくなんですが、今回は、その案はうちとしては賛同できないと思います。

注①：積極的に賛成ではないことを示します。
注②：賛成できるようになる要因を挙げます。
注③：はっきりと表現せずに、相手に次に来る反応を予感させます。
注④：相手の言い分を理解していることを表明します。
注⑤：疑問の形で、反対する理由を述べます。

▷ P15 問2

会話例4　社外　保留する

A：次年度以降、10%の引き上げをお願いしたいのですが。
B：10%ですか。
A：はい。原材料と原油の高騰があり、現在の品質のままでは、納入価格は維持できません。
B：<u>①重要な案件ですので私の一存では決めかねます。</u>
A：では、こちらも上役に報告する必要がありますので、見通しだけでも。
B：<u>②私には、そこまで責任のあることは申せません。</u>
A：では、5%ではどうでしょう。
B：<u>③この場では即答できかねます。持ち帰り、上司と相談してみませんと。</u>
A：では、いつまでに回答がいただけますか。
B：<u>④私には、そこまでお約束する権限がございませんので。</u>
A：わかりました。値上げは難しいと言うことですね。

注①：保留する表現には、他に「そこまでは断定できません」「もう少しお時間をいただかないと」などがあります。
注②：見通しを要求され、見通しすら責任のあることとし返答を保留します。
注③：提案に対し、保留することを表明します。
注④：回答期限に対しても、保留することを表明します。

▷ P16 問3

I コミュニケーション 9

説得する

段階をふんで話を進める

　同意を求めてから説得する、ほめてから説得するなどの進め方があります。話は段階的に進める必要があり、一気に進めるのは、相手に話す機会を与えず、高圧的な印象を与えてしまうでしょう。一般的な話題からはじめ専門的な話題に、単純なことから話しはじめ、複雑で難しいことへ話を進めていくなど、話の進め方に注意しましょう。

● **話す目的の明確化**
　準備を十分にしておき、途中で話がそれないように気をつけましょう。

● **説得とは**
　論理的にかつ徹底的に議論し、白黒をつけることではなく、相手の心を動かし、できれば納得できる形で、自分の意見を受け容れてもらうことです。そのためには相手への信頼を示し、相手を認め、相手の助力を求める態度が必要です。

> ❗ **気をつけること**
> 　説得がうまくいかないと、相手の反発を招くだけです。相手が自分と同じ認識を持っていることを確認した上で、自分の意見を述べて説得することが必要でしょう。くれぐれも、相手を論破してはいけないことを肝に銘じておいてください。

会話例1　社内

A：売り上げを伸ばすためには、今以上の積極的な宣伝活動をしなければならないと思います。
B：①それはなかなかいい点をついているね。
A：ありがとうございます。
B：②ただ、宣伝活動にかかる費用も考えると、インターネットの口コミなど、コストのかからない方法を模索する必要があると思うよ。
A：確かにそうですが。
B：③昨年度より広告費を10%削減するという方針も出ているしね。

注①：相手の言い分を認めます。
注②：理由を挙げ、別の手段をとるように説得します。
注③：説得を行う別の外的な原因を挙げます。

▷ P17 問1

会話例2　社外・①部局外

A：X月20日に納入をお願いしておりました、部品の件なんですが。
B：はい、あの、お椀型強化ガラスですね。
A：ええ、申し訳ないのですが、納期を10日早くしていただけませんでしょうか。
B：10日ですか。10日早くするのは、②なかなか難しいですねえ。
A：③いやあ、申し訳ございません。④全体のスケジュールの見直しがありまして、別の業界紙にも、広告を出すということになりましてですね、完成を急ぐということになったんですよ。
B：あっ、そうなんですか。でも、あれは工程が複雑で、難しいんですよね。
A：⑤ええ、それは重々承知しております。ですから、おたくにしかお願いできないのです。⑥生産能力が高く、製品管理が優れている御社のことですから、必ずや、間に合わせていただけると。

> B：あの数だからねえ。10日早めるのは、きびしいなあ。
> A：何しろ、この製品に我が社の社運がかかっております。⁷助けると思って、お願いできないでしょうか。
> B：まあ、そこまで言われると、断りにくいですね。
> A：⁸本当に、恩に着ます。では、よろしくお願いいたします。

注①：部外の場合、社外と同様の丁寧な表現が必要となる場合があります。
注②：断定しない表現を使います。
注③：こちらに原因がある場合は、謝罪の言葉が必要となります。
注④：説得を行う理由を挙げます。
注⑤：相手を認めます。
注⑥：別の観点から、説得を行います。
注⑦：情に訴えることも時には必要です。
注⑧：説得が成功した場合、感謝の意を表します。

▷ P18・19 問2・3

会話例3　社外

> A：弊社のパソコンの納入に関しては、検討していただけましたでしょうか。
> B：はい、ワーキンググループで検討させていただきました。
> A：①前にもご説明させていただきましたように、当社のデスクトップパソコンは設置場所が少なくてすみますし、消費電力も他社よりも優れております。大学の設置シェアでは他社を圧倒しております。
> B：そのようですね。
> A：②こうした省エネ・省スペースのパソコンが、大学の情報処理室にあっているとお考えになりませんか。
> B：そうですね、重要だと考えております。パソコンの機能については、あまり意見は出なかったのですが、モニタについては、ここまで良くなくてもいいんじゃないかという意見が多くあったんですよ。
> A：③おっしゃることもわかります。しかし、文書の作成だけではなく、

3D画像の製作や動画編集などもカリキュラムに取り入れる予定と伺いました。パソコンのほうでは、メモリとビデオボードを追加しておりますので、それらに十分対応できます。今回は対応できるモニタということで、この機種を提案させていただきました。
B：ああ、わかりました。その点に関しても、意見が出ました。この仕様だと、かなり発熱があるんじゃないかという意見です。
A：<u>④おっしゃるとおり、発熱が多いと、空調に費用がかかり、省エネになりませんからね</u>。<u>⑤でも、大丈夫です</u>。弊社のパソコンは、大型で高品質のファンを使っておりますので、発熱も押さえられておりますし、さらに静音性にも優れております。情報処理教室には、最適かと思われます。<u>⑥前回の仕様書では、その点の記述が欠けており、申し訳ございませんでした</u>。
B：わかりました。

注①：説得を行う理由を挙げます。
注②：質問の形で、説得を行う理由を挙げます。
注③：相手の言葉を認めます。しかし別の理由を挙げ、説得を行います。
注④：別の理由を挙げ、相手の言葉を認めます。
注⑤：相手の心配を打ち消せる理由を挙げ、説得を行います。
注⑥：こちらに非があった場合、謝罪が必要となります。

▷ P20 問4

ビジネス文書を学ぶ

II 社内文書 10

ビジネス文書の書式を知る

　ビジネス文書の基本的な書式について学びます。誰が読んでもわかるように、書式のルールを守り、簡潔でわかりやすく書きます。

● ビジネス文書の書式

　ビジネス文書は、「前付け」「本文」「後付け」の3つの部分から構成されます。「前付け」には、文書の作成の記録として、文書番号、発信年月日、受信者名、発信者名を書きます。「本文」には、文書の件名と、その内容を書きます。「後付け」は、文書内容の詳細を整理し、「記」と書いてから箇条書きでまとめます。また必要であれば、文書の末尾に問い合わせ先の連絡先を書いておきます。

　社外文書の書式については17章も合わせて参照してください。また封筒の書き方については付録「封筒の書き方」を、ビジネス文書をメールで発信する時の書式は付録「ビジネスメールの書式」を参照してください。

● ビジネス文書の文体

　社内文書は、基本的に「です・ます体」で書かれますが、報告書や議事録など記録を目的とする文書は「だ・である体」で書かれます。数字を書く場合、日付や金額などにはアラビア数字、熟語や概数、お金（千円札、五百円硬貨）の表記には漢数字が用いられます。文書内で用いられる記号は「、」と「。」のみで、「？」や「！」は使いません。

文書例1　連絡書（案内状）

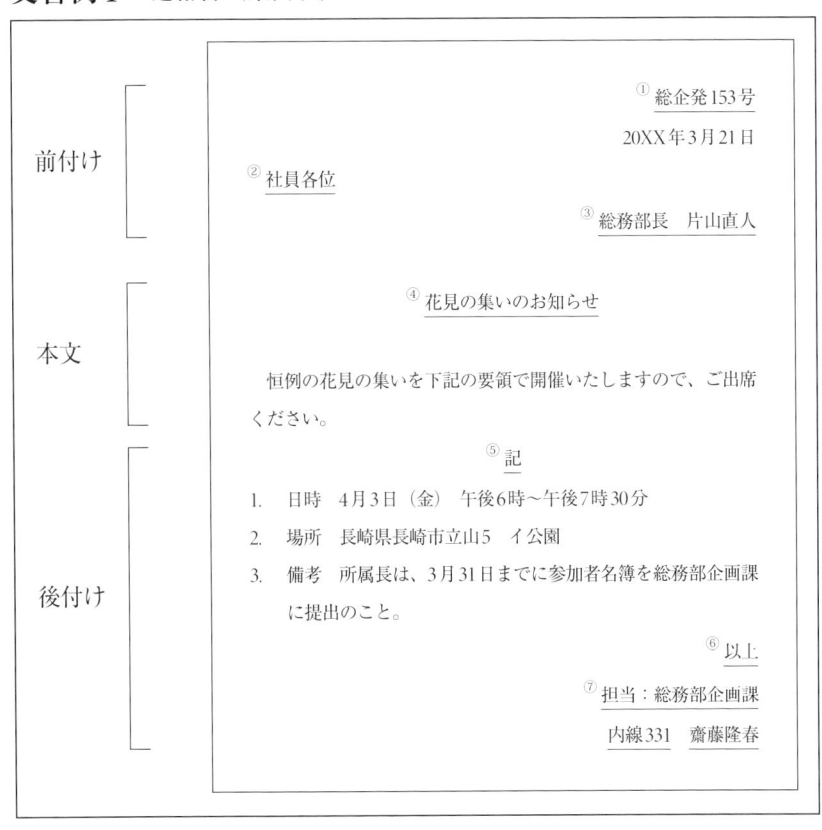

```
前付け ┐
       │                                    ① 総企発153号
       │                                      20XX年3月21日
       │   ② 社員各位
       │                                    ③ 総務部長　片山直人
       ┘

本文 ┐
     │              ④ 花見の集いのお知らせ
     │
     │     恒例の花見の集いを下記の要領で開催いたしますので、ご出席
     │   ください。
     ┘

後付け ┐                      ⑤ 記
       │   1. 日時　4月3日（金）　午後6時〜午後7時30分
       │   2. 場所　長崎県長崎市立山5　イ公園
       │   3. 備考　所属長は、3月31日までに参加者名簿を総務部企画課
       │           に提出のこと。
       │                                        ⑥ 以上
       │                              ⑦ 担当：総務部企画課
       │                                 内線331　齋藤隆春
       ┘
```

注①：文書番号の付け方は会社によって違うため、会社の書式を確認しましょう。

注②：「〜各位」は、「〜の皆様」という意味で、多数の個人を対象に使います。宛名が役職者の場合には役職名を書きます。

注③：発信者の所属部署と名前を書きます。

注④：中央に、その文書の内容と目的を簡潔に書きます。

注⑤：別記は、文書内容を主文と分けて示す時に使います。

注⑥：別記の最後に、右に寄せて書きます。

注⑦：文書を作成した担当者や、問い合わせ先となる担当者の名前、連絡先を書きます。

▷ P21・22 問1・2

II 社内文書 11 報告書を作る

過不足なく伝える

　仕事上のやりとりの根拠となる社内文書です。業務の報告を上司に報告する時の文書ですから、数字、製品名、顧客名など、大切なデータは正確に記入します。客観的な表現でわかりやすく伝えることを目指します。

● **月間報告書（月報）**
　月ごとの業務・作業の内容を定期的に記します。一か月の流れが読み手に伝わるように作成します。売上の月報などの場合、単にその月の数値を記載するだけでなく、前月比、前年同月比など、あらゆる角度からの分析が必要です。

● **出張報告書**
　出張の都度作成します。出張先での業務報告と成果を客観的に示します。目的に沿った結果や今後の見通しを上司がイメージしやすいように報告します。

● **調査報告書**
　調査を行った場合など、不定期に作成します。調査目的を明確にして、先入観のない調査、正確かつ簡潔な報告を行います。適切な意見提示も必要です。報告書が数ページに及ぶ場合は、最初に概要を記しておきます。

> **❗ 気をつけること**
> 　社内文書ですから、速やかな報告が必要です。あまりに遅いと、社内での信用を失います。また、報告書記載の内容は、正確であることは言うまでもありません。特にデータの数値、製品名、顧客名は注意しましょう。

文書例1　月間報告書（月報）

20XX年9月度 月間売上報告書

20XX年10月5日
営業部営業一課
課長　山下慶

1　概況
　9月期の売上実績は、①<u>総額500万円</u>で、前月比3％減収だが、目標売上高を20万円上回り、また、前年同月比では5％の伸びを示している。減収は、季節的要因であり、秋口にしては、好調な滑り出しといえる。

2　実績
　9月度の販売実績を、②<u>棒グラフ</u>で示すと次のように推移している。

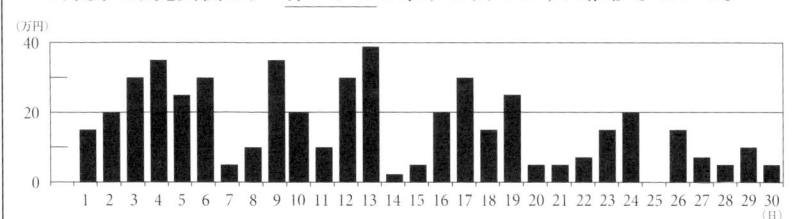

(万円)
[棒グラフ：1日〜30日の日別売上]

3　今後の見通しと対策
　来月11月の販促キャンペーンとクリスマス需要により、今後の売上は相応に期待できるため、新聞・雑誌広告を拡大する。

4　③<u>添付資料</u>
　資料1.年間売上推移表
　資料2.販売内容分析表

④<u>以上</u>

注①：概況説明では、数字やデータを具体的に記します。
注②：視覚的に示すとわかりやすく、説得力があるでしょう。
注③：報告内容を裏付ける資料を添付します。
注④：報告書の終わりを示すために、最後に「以上」と書きます。

▷ P23 問1

文書例2　出張報告書

20XX年5月15日

営業部長　大潟八郎殿

販売部　本荘由利　印

出張報告書

　新製品「KT3000」の販売促進活動のため、秋田に出張いたしましたので、①下記の通りご報告いたします。

②記

出張先　　秋田県秋田市
出張期間　20XX年5月10日～5月13日
出張目的　秋田エリアへの新製品KT3000の販売促進活動

③報告事項
1）市内のBデンキ全支店を訪問。消費者反応の情報を収集する。また、売場のディスプレイ、販促キャンペーンについて協議した。
2）山央店では、KT3000のコーナーを売り出し商品の通路側に設置してあり、他社製品より目立っていた。消費者の反応も良好である。
3）中央店では、各支店とも好調であるとの報告を受けた。また、販促用のサンプルプリントを要請された。

④所感
　製品の特徴についてきめ細かなPRが必要であり、サンプルプリントを配布する販促キャンペーンの開催を至急行う必要を感じた。

以上

注①：何の出張報告なのか簡潔に書き、詳しい項目は下に記します。
注②：項目を立てて記す前に書きます。
注③：出張の結果、得た情報はトラブルも含めて、もらさず端的に報告します。
注④：出張した人の感想を簡潔に提示します。

▷ P23　問2

文書例3　調査報告書

20XX年7月25日

企画開発部長　櫛引次郎殿

　　　　　　　　　　　　　　　企画開発部開発課　酒田あさひ　印

<u>①北仙地区新店舗建設候補地についての調査報告</u>

　北仙地区新店舗建設候補地について20XX年7月20日より7月23日まで調査した結果を報告いたします。

記

1　所在地　秋田県北仙市北仙5番地3号
2　土地所有者　田澤辰夫氏（秋田県北仙市北仙5丁目在住）
3　土地総面積　661m^2（200坪）
4　地価　1m^2当たり1万5000円　総額991万5000円
5　周囲の環境
　1）同地はJRこまち駅から車で5分であり、観光地からも近い。通行量は、平日平均3千人、休日1万人程度である（<u>②別紙添付資料A参照</u>）。
　2）同地域商店街の店舗数は合計50軒（商工会議所資料より）。観光地として、土産物屋、喫茶店など、地元の住民にも利用されている。
6　本物件についての意見
　同地一帯は観光地区であり、住民、観光客の利用が見込まれ、<u>③駐車場の確保が重要である。店舗縮小、別地検討が必要である。</u>
7　添付資料
　資料A　北仙市商店街およびこまち駅前通行量調査報告書

以上

注①：単に「調査報告」ではなく、何の調査か端的にわかるようにします。
注②：細かな調査資料は、別紙にして詳しく示します。
注③：客観的な評価は言うまでもなく、具体的な提案も示します。

▷ P24 問3

II 社内文書 12 連絡・確認書を書く

簡潔に、的確に伝える

　社内において、連絡・確認は頻繁に行われます。連絡を怠ると業務に支障が生じてしまいます。連絡・確認書は簡潔な文で、的確に用件を伝えることが大切です。

● 連絡・確認書

　連絡書とは、会議への出席確認など、箇条書きで簡潔に連絡する文書です。社外向けの文書と違い、必要以上に丁寧な表現は不要で、事柄の趣旨・目的を明確に記し、失礼と受け取られない程度の表現で書きましょう。

　確認書とは厳密に言えば、金融商品取引法に基づき提出する有価証券報告書などの記載内容が、金融商品取引法令に基づき適正であることを代表者が確認した旨を記載する資料ですが、ここでは連絡書の一つとして考えます。

● 依頼書

　依頼書とは、部署間で何かをお願いしたり、節電協力など社内の人々に向けて何か物事を依頼したりするときの文書です。書き方としては連絡書と同じですが、箇条書きでわかりやすく作るようにしましょう。

> ❗ 気をつけること
> 　連絡・確認書は社内向けの報告ですが、やはりビジネス文書である以上、「です・ます体」で書かなくてはいけません。また、じっくり読みこむものではないので、簡潔に書かないと、連絡したいことが伝わらない恐れがあります。

依頼書は社内の人々に向けて何かをお願いするものです。失礼な書き方をすると、お願いを受け入れてもらえなくなる恐れがあります。書く際は、失礼のないように、また依頼する内容が簡潔に伝わるように心がけましょう。

文書例1　訃報（社員の親の訃報）

20XX年12月18日
①営業部部長

訃報

　営業部営業二課、河野直行殿の②ご尊父直人様（89歳）には、○○○のため、12月17日午後12時死去されました。通夜・葬儀など下記のように行われますので、謹んでお知らせします。

③記

1　通夜　　　　20XX年　12月19日　19時～
　　　　　　　　会場　Y斎場（○○市○○町）
2　葬儀告別式　20XX年　12月20日　13時～
　　　　　　　　会場　Y斎場

以上

注①：部署からの連絡などの場合、個人名は書きません。
注②：父親の尊称は「ご尊父」、母親は「ご母堂」です。
注③：葬儀の日程・時間および場所を書きます。その他連絡する場合、「3　その他」として書きます。

▷ P25 問1

文書例2　決算処理の連絡書

20XX年3月1日

社員各位

経理部

年度末決算処理のご連絡

　表題のとおり、今月末は年度末となっておりますので、以下の対応をお願いいたします。

記

①1　旅費・交通費について
- 3月分までの旅費・交通費の精算は、今月20日までに必ずお済ませください。
- 領収書がある場合は、すみやかに経理部までお届けください。

2　備品等の購入について
- 可能な限り25日以後の経費支出は控えてください。必要なものがある場合は、25日以前に前もって予測して購入しておくようお願いします。

3　②費用処理について
- 今年度分費用の未払いがないかをチェックしてください。

以上

注①：タイトルを書き、その後細かい注意書きをすることで、各項目についての注意点がはっきりします。

注②：社員が仕事関係で使ったお金を会社の費用としてまかなうことを費用処理と言います。

▷ P25 **問2**

文書例3　備品借り受けの依頼書

20XX年5月8日

川崎事業所長　鈴木太郎殿

横浜事業所長　山谷勝彦 ①印

会場設営備品の借り受けについて ②(依頼)

　横浜事業所の総合展示会開催にあたり、貴事業所所有の会場設営備品をお借り受けしたく、ご依頼いたします。
　借り受け希望の備品名と数量および借り受け期間は、下記のとおりです。ご検討のうえ、ご手配のほどお願いします。

記

1　借り受け品目および数量
　　　会議用テーブル　　10台
　　　折りたたみイス　　60脚
　　　OHP用スクリーン　2台
2　使用日
　　　20XX年6月1日（金）～20XX年6月3日（日）
　会場準備の関係もありますので、前々日5月30日（水）の午前中に到着するようご手配いただければ幸いです。

以上

③（担当：事業一課　秋田良介　内線305）

注①：正式な書類の場合、社内文書であっても印を押すのが一般的です。
注②：（依頼）と書くことで、この文書が依頼書であることがわかります。
注③：依頼は代表者の名前ですが、担当は違うので最後に担当者の名前を書きます。

II 社内文書 13 議事録を作る

ポイントをまとめる

　議事録とは、会議や打ち合わせ、ミーティングで決まったことを記録したものです。議事録は会議や打ち合わせ、ミーティングの内容を聞きとり、その流れを理解し、ポイントを過不足なく正確に捉え、簡潔・明快に書くことが求められます。速記者のように発言のすべてをもれなく記録するのではなく、ポイントをきっちりと押さえたものが求められます。また、議事録に書いておかなければならない必須事項がありますので、もれなく書きましょう。

● **議事録に書くこと**

日付
　議事録を作成した年月日を書きます。

作成者
　誰が議事録を作成したのかということをはっきりさせておくため、議事録を作成した人の氏名を書きます。

タイトル
　何の会議の議事録なのか、タイトルを書きます。タイトルは通称や略称ではなく、正式名称を書きましょう。

日時・場所・出席者・欠席者
　会議が行われた日時・場所・出席者・欠席者を書きます。欠席者のところは必ず欠席理由を書きます。理由を明記しないと、単に理由なく欠席した場合と混同されることがあるので、忘れずに書きましょう。

議題
　会議の議題となったことを書きます。最初に（1）などの番号をつけると見やすくなります。

内容

会議のカテゴリーが複数ある場合、そのカテゴリー別に書きます。例えば、報告事項・審議事項がある場合、報告内容と審議事項を分けて書きます。決まったことを決定事項という項目を立てて書きます。

その他

必要に応じて書くこともあります。例えば、定期的に開催される定例会議や次回の会議がある場合は、その日時・場所なども判明しているかぎり書きます。

議事録の最後であることを示す

議事録の最後には「以上」または「了」と書きます。

文書例1

```
                                              ①20XX年9月11日
                                              ②作成者:佐々木

              20XX年度第6回総務課定例会議議事録

1  日時:20XX年9月10日(水) 10:30～11:30
2  場所:小会議室
3  出席者③(敬称略):岩田、佐藤、桧山
   欠席者:青田④(出張)、糸井(年休)
4  議題:
   (1)「新入社員向け説明会」名称の統一
     • 今後は「説明会」を⑤使用。
5  継続審議:⑥特になし。
6  依頼・報告・連絡・確認事項
   次回会議
   日時:20XX年10月10日(金) 10:30～11:30
   場所:小会議室(予定。営業課と⑦相談の上、⑧追って連絡する)
                                                      以上
```

注①：年月日を書きます。会議終了後できるかぎり早く作成・配布します。右寄せにします。
注②：「佐々木作成」のような書き方もあります。いずれにしても右寄せにします。
注③：「敬称略」とことわりをいれることで、「部長」や「先生」、「さん」などの職称や敬称を省くことができます。
注④：「出張のため」といったような「〜のため」と書く場合もあります。
注⑤：箇条書きにする際、最後を名詞で止める形が使われます。
注⑥：何もなかった場合でも空白にすると、何もなかったのか書き忘れたのかはっきりしないので、「なし」「特になし」と書きます。
注⑦：「相談の上」は「相談してから」という意味です。他にも「審議の上」「検討の上」「調整の上」「確認の上」などの表現があります。
注⑧：「追って」は「近いうちに」「後日」という意味です。

文書例2

20XX年11月16日
浜田作成

20XX年第8回企画課会議（定例）議事録

1. 日時：20XX年11月16日（金）13：00〜14：00
2. 場所：第二会議室
3. 出席者（敬称略、①50音順）：伊波、奥田、中村、浜田、早川、渡部
   欠席者（敬称略、50音順）：菊池、柴田（②以上出張のため）、野村（病欠のため）
4. 議題：
   （1）人事異動に伴う会社紹介パンフレットの変更について
      ③→担当：渡部
      →総務課と打ち合わせの上、年内中に決裁。年明けには印刷

　　　　　　所へ。
　　　（2）人事異動に伴う会社紹介HPの変更について
　　　　　　→担当：伊波
　　　　　　→HP管理委託業者に変更箇所をメールにて連絡。一週間以
　　　　　　　内に更新完了を依頼。
　5．継続審議：なし。
　6．報告：
　　　（1）広報IT化ワーキンググループより
　　　　　　→ワーキンググループメンバー：奥田。
　　　　　　→広報用Twitterアカウントの作成を検討中。セキュリティー
　　　　　　　ポリシー、運用形態についてはひきつづきワーキンググル
　　　　　　　ープにて継続審議。
　7．その他
　　　（1）次回会議
　　　　　　→次週金曜日は休日のため、以下の日時・場所にて行う。
　　　　　日時：11月22日(木)13：00〜14：00
　　　　　場所：第二会議室
　　　　　　　　　　　　　　　　　　　　　　　　　　　　（了）

注①：名字の50音順に並べて書く場合もあります。人数が多い場合はあとで議事録を見る時など、探しやすくなります。
注②：同じ理由の場合，「以上○○のため」とまとめて書く場合もあります。
注③：「→」をつけることで、その議題などについてどうなったのか、見やすくなります。

▷ P27・28 **問1・2**

II 社内文書 14

企画書を作る

説得力のある文章を書く

　業務促進および改善のために新しい取り組みを行う際に、企画書を提出することがあります。企画書を作るときは、内容を実現させるために、説得力のある文章で簡潔にまとめることが大切です。

● 企画書

　企画書とは新しい事業や計画について説明した文書です。
　企画書を書く際には、その企画の実現のために、相手を説得する必要があります。単にアイディアを提示するだけでなく、現状分析・問題点・改善点・効果・費用など、その企画を行うことによるメリットおよび効果を伝えることが必要となります。しかも、シンプルでかつ効果的に相手に伝えることが求められます。読み手のことを考えて、A4サイズ1枚くらいでまとめるのが理想です。

● 提案書

　企画書と提案書は似ていますが、提案書は現状の課題について資料などをもとに、解決の方法を提案するものです。企画書のように具体的な方策まで書く必要はありませんが、相手を説得することは同じです。

> **❗ 気をつけること**
> 　長い企画書は相手にとっても負担となります。たくさんの資料を用意しても、相手はその全てに目を通してくれるとは限りません。そのため、企画書はシンプルにまとめることが求められます。図表やパワーポイントなどのプレゼンテーションソフトを用いることも効果的です。

文書例1　接客研修の企画書

20XX年10月21日

営業部企画課課長　山田義男殿

営業部企画課　吉岡恵子

接客研修　企画案

①1　現状
- ②各営業所のベテラン営業社員が指導員として接客方法を教えている。
  ⇒指導員の質、経験により接客方法にばらつきが出ている。
- お客様へのアンケート結果
  ⇒接客満足度が商品購入に大きく影響している。

2　③研修目的
- お客様満足度を高め、商品販売の促進につなげる接客スキルの向上

3　研修方法・場所
- 外部講師による実務研修。
- 本社会議室で2泊3日の研修。

4　対象
- 営業所員全員（④営業に支障がないように、日程をずらして行う。）

5　研修内容
   1日目　接客スキルの確認
   2日目　外部講師による接客指導
   3日目　商品販売の実践練習

注①：章・節で内容を区切ることで、内容が伝わりやすくなります。

注②：文章で書き表すのではなく、箇条書きでシンプルに見せます。

注③：どのような目的で企画したのかを具体的に示します。

注④：考えられるリスクとその回避策はあらかじめ提示しておきます。

文書例2　販促イベントの企画書

> 　　　　　　　　　　　　　　　　　　　　　　20XX年5月13日
>
> 営業部長　森田哲弥様
>
> 　　　　　　　　　　　　　　　　　　　　　企画課　武藤順子
>
> 　　　　　　「新マックス・トリートメント」販促イベント企画書
>
> 　下記のとおり、7月1日発売予定の弊社新商品「新マックス・トリートメント」の販促イベントの企画を提案いたします。
>
> 1　イベントの趣旨
> 　①新商品「新マックス・トリートメント」の魅力をアピールし、購買者を増やす目的で、対象者が最も集まる地域においてキャンペーンを実施する。
> 2　イベントの概要
> - 実施期間:7月16日〜8月27日の毎週土曜　13時〜16時。
> - 実施会場:新宿駅前広場
> - ②内容:試供品とリーフレットの配布:20〜30歳前後の女性を対象
> 　　　　　街頭アンケートの実施:商品についてアンケート調査を実施
> 3　③必要経費
> - 試供品・リーフレット等制作費：400,000円
> - 人件費（アルバイト）：20人×7日×5,000円=700,000円
> - その他経費（広場使用料など）：100,000円
>
> 　　　　　　　　　　　　　　　　　　　　　　　　　　　　以上

注①：企画を行う目的を具体的に書きます。
注②：企画段階でどのようなことを行うのかを伝えるため、具体的に書きます。
注③：予算を示して、企画を実行できるかどうかを審議しやすくします。

▷ P29 問1

文書例3　リース導入についての提案書

20XX年8月22日

総務部長殿

　　　　　　　　　　　提案者　情報処理課　相馬祐樹

パソコンリース導入についての提案

1　<u>①提案事項</u>
- 全社パソコンのリース契約

2　<u>②現状</u>
- 昨今のパソコンの進歩はめざましく、数年で新しい環境やアプリケーションに対応できなくなる。
- 3年に一度の全パソコン買い替え⇒予算がかかりすぎる。

3　メリット
- 経費削減　⇒　<u>③3年ごとの購入に比べ、年間50万円の経費削減</u>
- トラブル時の管理を委託できる

4　<u>④添付資料</u>
- メーカーのリース情報資料…3通

　　　　　　　　　　　　　　　　　　　　　　　　　以上

注①：どのようなことを提案するのかを示します。
注②：現状の問題点については、できる限り具体化しましょう。
注③：提案段階でも、効果がはっきりしている場合は書いた方が伝わりやすくなります。
注④：別資料がある場合は、それを書きます。

▷ P30 問2

稟議書を書く

II 社内文書 15

理由を説明する

　稟議書とは、決裁権を持つ上司や組織の上層部の承認を得るために作成する文書です。押印欄があることが多く、上司たちの回覧印の後、最後に決裁者による決済印が押されます。提出の目的・理由、予算、期待できる効果などを簡潔に記します。必要性を上司に理解してもらうことが大切です。

● **稟議書**
　自分自身に決定権がなく、関係する上司の決裁が必要であるけれども、会議を開くほどの案件ではないというときの文書です。「起案書」「伺い書」とも言います。実際は、案件について、すでに関係する上司に口頭などで内諾を得ていて、形式や記録として稟議書を作成するケースも多いようです。

● **申請書**
　出張旅費精算や会議室利用の申請など、社内のさまざまな事務手続きのために提出する文書です。申請内容は、簡潔に、正確に記します。

● **提案書（上申書）**
　相手の意見や同意を求めて案を提出する、個人レベルの起案に用います。幅広い資料を入手し、具体的な数字やデータを活用し、実施されるとどんな効果が見込まれるか、具体的に示すと説得力が増します。

> ❗ **気をつけること**
> 提案の必要性を述べるため、現状での問題点や現体制の不備にも言及

することがあります。会社の体制や上層部批判と受けとられないよう、内容や表現に十分配慮することが必要です。現状の否定ではなく、社業の発展や業績向上を目指す将来に向けての前向きな提案を強調しましょう。

文書例1　稟議書

20XX年6月15日

①社長殿

起案者　櫛引みなと　印
②起案番号　第23157号

決裁日　　年　月　日

③
認可	条件付	保留	否決

④
部長	課長	総務部	経理部	起案者

プリンタ複合機購入について⑤(伺い)

　処理能力の高いカラープリンター及びカラーコピー機、紙資源利用抑制のためスキャナーが必要です。これらの機能を併せ持つ高性能プリンタ複合機の購入は省スペース化にも役立ちます。保有のプリンターとコピー機をプリンタ複合機と交換してくださいますよう、お願い申し上げます。

記

1　機　　種　　A3対応カラーレーザー複合機　HAMA社　5000HM
2　数　　量　　2台
3　予　　算　　計500,000円⑥(別紙明細)
4　添付資料　　(1) カタログ1部
　　　　　　　　(2) 各社機能・価格比較表

以上

注①：最終的な決裁を行う責任者名にします。
注②：社内文書に文書番号がある場合は、通し番号をつけます。
注③：どのように決裁されたかの結果を示します。
注④：回覧する上層部の押印欄です。
注⑤：標題だけでは目的がわかりにくい場合に括弧書きにします。
注⑥：文書は簡潔に、詳細な資料は添付します。

▷ P31 問1

文書例2　申請書

20XX年7月10日

総務課長殿

営業推進部　青松葉子

①車両使用申請書

　当社主催セミナー講演者送迎のため車両を使用したく、下記の通り申請いたします。

記

1　②日　時　　20XX年7月20日　迎え：午前9時～10時
　　　　　　　　　　　　　　　　送り：午後2時～3時
2　使用目的　　セミナー講演者、平庭岳男氏送迎のため
3　③行き先　　・平庭氏自宅　板橋区橋板5-3
　　　　　　　　・セミナー会場　中野区野中3-3
4　使用車　　　車両ナンバー5

以上

注①：何を使用するための申請書か端的にわかるようにします。
注②：使用日時を具体的に書きます。
注③：行き先も具体的に書きます。

▷ P31 問2

文書例3　上申書

```
                                              20XX年2月10日
　①総務部長殿
                                      情報センター　室長
                                              古関能男

             プログラム開発の外部委託について②(上申)

　開発部より提出されたKプロジェクトについてのシステム構築について、
下記のように社外の業者に委託を行いたく存じます。当センター業務は、
年々拡大の傾向になり、③社内ではすべてに対応しきれないのが実情です。
下記の委託先とは、長年の取引があり、④信頼に足りうる関係であること
も特に申し添えます。ご配慮のほど、よろしくお願い申し上げます。

                         記
  1　委託内容　　Kプロジェクトについてのシステム構築
  2　委託先　　　Bシステム社
  3　費　用　　　80万円　⑤(詳細は、見積書参照)
  4　支払い条件　当社委託業務支払い規定に準ずる
  5　添付書類　　Bシステム会社概要　1部
                 見積書　1通
                                                    以上
```

注①：決裁権を持つ上司宛になります。取締役宛の場合もあります。
注②：表題だけではわかりにくい時は括弧書きにします。「～の上申」という表題にする場合もあります。
注③：社内体制の現状を客観的に説明することが大切です。
注④：委託先が信頼できるということは特に示す必要があります。
注⑤：具体的、かつ詳細な内容は、書類として添付します。

▷ P32 問3

II 社内文書 16 始末書を書く

状況説明と反省

　始末書とは、先方に迷惑をかけた不始末を詫びる文書です。事実を明確に報告し、過失の発生原因が自分側にあることを認め、深くお詫びし、二度と過失を起こさないことを示します。必要なことを明確に簡潔に書くことをめざします。

● **始末書**
　業務規則に違反したり、事故やトラブルを起こしたりして会社に損害を与えたときに提出する懲戒の性質をもつ文書です。自分から進んで書くのではなく、上司に命じられて書きます。損害を与えた時は損害責任を負うことを述べ、額面も書き添えます。天災などを理由に提出する始末書は理由書ともいいます。

● **顛末書（てんまつ）**
　顛末書とは、人為的な要因により生じた事故・過失に対して、事の始めから終わりまでの詳しい事情やなりゆきを記した文書のことです。始末書とは違い、文書作成者が責任を感じたり、詫びたりする表現を盛り込む必要はありません。被害者的な立場でも、事件のあらましを総括する意味で会社へ報告します。

● **念書**
　念書とは、その場で決まった約束事などを互いに確認し合う意味でやりとりする覚書のことです。ここでは、反省の念を込めて一筆入れるという意味になります。始末書とは異なり、個人宛に書くお詫びの文書です。

❗ 気をつけること

通常、手書きの「です・ます」体で書きます。言い訳、自分の正当化は逆効果です。素直に非を認めて反省の言葉を述べます。故意に隠したり粉飾を加えることは絶対にしてはいけません。

文書例1　始末書

> 　　　　　　　　　　　　　　　　　　　　　　　　20XX年5月20日
> ①営業部長　関本岩雄殿
> 　　　　　　　　　　　　　　　　　　　　営業部営業二課　　田部千代
> 　　　　　　　　　　　始末書
> 　この度、②H商事様よりいただいた発注書をシュレッダーにかけてしまいました。
> 　③結果、H商事様に再度発注書を送り直してもらうという、大変なご迷惑をおかけしてしまいました。
> 　④原因は、個人情報の載った書類をまとめてシュレッダーにかけている時に発注書が混じってしまったことによります。
> 　⑤大変申し訳なく、心よりお詫び申し上げます。
> 　今後は、シュレッダー使用前に書類を確認し、⑥二度とこのようなミスを犯すことのないよう注意を徹底することを固く誓い申し上げます。

注①：通常のビジネス文書と同じく、敬称は「～殿」となります。
注②：取引先の会社名には「様」をつけます。
注③：過失により、どのような結果になったのかを記します。
注④：損害の起こった原因を客観的に書きます。
注⑤：お詫びの言葉を書きます。
注⑥：過ちを繰り返さないことを誓います。

▷ P33 問1

文書例2　顛末書

20XX年6月15日

谷川株式会社
営業部長　山谷大和殿

営業部営業課　駒寄波志江

顛末書

　A株式会社よりお尋ねのあった「着荷品について」[①]（文書番号3456号）の件につきまして、事実関係を調査しました結果、[②]下記の通り判明しましたのでご報告します。

記

1　問題商品の品名・品番　デジタルカメラ　KM-2000
2　不良品混入の有無　有
3　不良品混入率　3%
4　[③]混入理由
　（1）設計段階でミスが生じていた。
　（2）外見上の問題がなかったため、設計担当、営業担当ともに、上記のミスを見逃した。
5　[④]対処
　（1）A株式会社には、さっそく陳謝のうえ、交換を行った。
　（2）不良品を納品した可能性のある他の取引会社各社にも報告、交換を行い、深謝した。
　（3）不良品は全品処分した。
　（4）設計ミスは訂正、結果は確認済み。
　今後、製品管理にはよりいっそう注意してまいります。

以上

注①：文書番号がある場合には加えます。／注②：報告事項を箇条書きにします。
注③：発生原因を明確にします。
注④：どのような対処をしたのか、項目を立てて述べます。

文書例3　念書

念書

代表取締役社長

①古城八郎様

営業部営業三課
大森夏雄

　この度、20XX年6月20日より22日までの3日間、連絡もせず欠勤いたしましたこと、社会人としてあるまじき行為と猛省しております。

　②前日の晩より体調が悪く、朝になっても連絡ができない状態でございましたが、2日目以降は無断欠勤をどのように説明・謝罪していいのか悩み、結局連絡をすることができませんでした。誠に無責任きわまることと、心より反省しております。

　このことで、業務に支障をきたし、同部の皆様にも多大な迷惑をかけてしまいました。今後は二度と同じ過ちを繰り返さないことを誓います。このたびは誠に申し訳ありませんでした。

③20XX年6月23日

注①：敬称は「〜様」とします。

注②：「昨夜」は使えません。いつの出来事かはっきりわかるようにします。

注③：日付は文末に書きます。

III 社外文書 17 ビジネス文書を書く

案内状を書く

　案内状とは、イベントやパーティー、会議等を知らせる時に書くものです。日時や場所といった必要不可欠な情報は、できるかぎり誤解を招かないようわかりやすく書きましょう。さらに、案内状を見た人が参加したいと思うような案内状を書きましょう。合わせて社外文書の書式もこの章で学びます。

● 案内状に書くこと

タイトル
　何の案内状なのかわかるようなタイトルを書きます。タイトルであることがわかるように、中央揃えにします。

日時
　いつ行われるのか、年月日・時間を書きます。時間については開始時間と終了時間を書きます。さらに、必要に応じて会場に入ることのできる時間（開場時間）、受付がある場合は受付開始時間も書きましょう。長時間のイベントなどの場合は、何時から何時までどのような内容なのかというタイムスケジュールを書いておくとよりわかりやすいでしょう。

会場
　どこで行われるのか、会場を書きます。会場が大きい場合やいくつも部屋のある場合は、何階で行われるのか、部屋の名前も忘れずに書きます。さらに、必要に応じて、会場までの地図や最寄り駅からの所要時間、会場内の案内図をつけるとわかりやすいでしょう。

内容
　そのイベントなどがどのような内容なのか書きます。例えば、講演会や研修会の場合、講師の経歴紹介を書くといいでしょう。また、案内したいと思う対象が決まっている場合は、どのような人が対象となるか書くといいでしょう。

問い合わせ先

　案内状についての問い合わせ先を忘れずに書きます。担当者名、電話番号、FAX番号、メールアドレスを書きます。また、イベントなどの前日までの問い合わせ先と当日の問い合わせ先が異なる場合は、両方書きます。

案内状の最後であることを示す

　案内状がここまでであることを示すため、案内状の最後には「以上」と書きます。

● 社外文書の書式

　頭語・時候の挨拶・前文・本文・末文・結語を書きます。頭語には「拝啓」「謹啓」など、結語には「敬具」「謹白」などがあります。時候の挨拶はさまざまなバリエーションがあります。

　基本的なビジネス文書の書式・文体については10章も合わせて参照してください。頭語・時候の挨拶・結語などの例は付録「ビジネスレターの定型表現」を、封筒の書き方については付録「封筒の書き方」を参照してください。またビジネス文書をメールで発信する時の書式は付録「ビジネスメールの書式」を参照してください。

文書例1

①20XX年9月20日

新製品「iPetit」発表会のご案内

　②拝啓　秋の気配がここかしこに感じられ、貴社ますますご清祥のこととお慶び申しあげます。

　③さて、弊社ではこのたび新製品「iPetit」発表会を④下記のとおり開催することになりました。今回は、新製品の展示のみならず、実際にお手にとって操作していただけるコーナーもご用意してございます。ぜひ⑤ご高覧を賜り、⑥忌憚のないご意見・ご感想をお聞かせいただければ幸いでご

17　ビジネス文書を書く　　69

ざいます。
　⁷お忙しいところおそれいりますが、⁸どうぞご来場くださいますようお願い申しあげます。

⁹敬具

記

1　日時：20XX年9月30日（水）16：00-20：00
2　場所：横浜ｉホール催事場
　　(会場までの案内図は別紙をご覧ください)
3　お問い合わせ先：営業課横田〇〇（045-XXX-XXXX）

以上

注①：年月日を書きます。右寄せにします。
注②：頭語です。
注③：段落を改め、一字下げて「さて、」から始めて案内の内容を書きます。
注④：「下に書いてあるとおり」という意味です。
注⑤：「ご覧になる」でも意味は同じですが、案内状ではこの表現がよく用いられています。
注⑥：「忌憚(きたん)のない」は「遠慮のない」という意味。この表現はそのまま覚えておくと便利です。
注⑦：他にも「ご多忙中のところ恐縮ではございますが」「ご多用中とは存じますが」「万障お繰り合わせの上」という表現もあります。
注⑧：「何卒(なにとぞ)」という表現もよく使われます。
注⑨：結語です。この場合は頭語が「拝啓」なので、「敬具」を使います。

文書例2

研修会受講者　各位

第2回マナーアップ研修会のご案内

①謹啓　猛暑の候　②平素は格別のご高配を賜り、心より御礼申しあげます。
　さて、弊社では前回みなさまよりたいへんご好評をいただきましたマナーアップ研修会を今年も下記のとおり開催することになりました。今回も、前回と同じくテレビや雑誌等でもご活躍の垣花礼先生を講師にお迎えし、さまざまな場面でのマナーについて楽しく賢く学べる研修会を開催いたします。
　みなさまのご参加をお待ちしております。

③謹白

記

1　日時：20XX年7月8日（金）10：00-14：00
2　場所：T社第二会議室
3　お問い合わせ先：研修会担当林原○○(03-XXXX-XXXX)

以上

注①：頭語です。ここは「謹啓」の例です。
注②：「いつも」という意味です。
注③：結語です。頭語が「謹啓」なので、結語を「謹白」にします。

▷ P35・36　問1・2・3

17　ビジネス文書を書く

III 社外文書 18

回答書を書く

承諾する場合・断る場合

　取引先や顧客からの依頼や交渉、問い合わせなどに回答する文書です。承諾する場合は、承諾内容を簡潔に記して承諾します。断る場合は、断って申し訳ないという姿勢で、断る理由を説明し、婉曲的な表現を用いて断ります。

● **承諾する場合の注意点**

　承諾する場合、横柄な態度になっていないか注意します。また、承諾した内容は明確、かつ簡潔に記します。なお、相手方のミスをやむをえず承諾する場合には、今後は気をつけてほしいという警告を添えることもあります。

● **断る場合の注意点**

　相手の要求を断るときは、申し訳ないという姿勢を示すようにします。「まことに申し上げにくいことではございますが」「まことに心苦しいのですが」「まことに残念ですが」のような表現がよく使われます。また、「〜できません」という直接的な表現は避けられ、「〜いたしかねます」「〜できかねます」「ご期待に沿いかねます」のような婉曲的表現が用いられます。

文書例1　注文の承諾

```
                                    20XX年3月27日
株式会社　K電装
営業部長　松根健吾様

                              株式会社　M電気
                              販売部　滝本千晴
```

「変圧器IP-9500」ご注文の承諾について

①拝復　貴社ますますご清栄のこととお慶び申し上げます。平素は格別のお引き立てにあずかり、厚く御礼申し上げます。

　さて、3月24日付の貴信にてご注文いただきました②標記商品の件、確かに③承りました。ご用命、誠にありがとうございました。

　さっそく出荷の手配をいたしました。ご指定の納期3月31日までに到着の予定でございます。

　今後ともよろしくお引き立て賜りますようお願い申し上げます。

　まずは、ご通知かたがた御礼申し上げます。

敬具

記

　商品名：変圧器IP-9500
　数　　量：10台
　単　　価：29,800円／1台（消費税別）
　納　　期：3月31日
　納品先：貴社本社ビル販売部
　支払い期日：20XX年5月10日
　支払い方法：T銀行弊社口座振込
　備考：納品書・④請求書は製品に添付

以上

注①：注文に対する回答書なので、頭語は「拝復」とします。
注②：標題（件名）に記した商品「変圧器IP-9500」を指します。
注③：注文を受けるときは「（ご注文を）承りました」と表現します。
注④：請求書など支払いのことに関しては、文書中には書かず、備考またはその他の欄を設けて記します。

▷ P37 問1

文書例2　納期延期の承諾

20XX年3月27日

株式会社　T部品工業
営業部長　木下義明様

株式会社　N電装
仕入部　山側登

「六角ボルトねじN58」納期延期の承諾について

　拝復　時下ますますご清祥のこととお慶び申し上げます。日頃はたいへんご愛顧にあずかり、誠にありがたく存じます。
　さて、3月24日付貴信にございました「六角ボルトねじN58」の納期延期の件、貴社のご要望通り4月10日まで延期することを承知いたしました。
　①ただし、今後はお約束通りの期日に納品いただきたく存じます。
　まずは取り急ぎ、ご回答申し上げます。

敬具

注①：今後同じことが起きないように警告する文を添えます。

文書例3　注文を断る

20XX年11月1日

株式会社　Mハイム
営業部長　宇喜多明様

株式会社　R商事
第一営業部　水野展寿

「ポータブル加湿器KS201」ご注文に関する件

拝復　晩秋の候、貴社ますますご清栄のこととお慶び申し上げます。平素は格別のお引き立てをいただき、心から御礼申し上げます。
　さて、ご注文いただきました「ポータブル加湿器KS201」は、①人気商品につきただ今品切れとなっておりますので、②誠に申し訳ございませんが、③ご注文をお受けいたしかねます。④何とぞあしからずご了承くださいますようお願いいたします。
　なお、⑤4月下旬には再入荷の見込みでございます。入荷次第ご連絡申し上げますので、しばらくお待ちくださいますようお願い申し上げます。
　まずはお詫びかたがたお願いまで。

敬具

注①：断る理由を説明しています。
注②：相手の要求を断るときは、申し訳ないという姿勢を示すようにします。
注③：直接的な断りの表現は避け、婉曲的な表現を用います。
注④：注文を受けたくても受けられないことを申し訳なく思う気持ちを示します。
注⑤：断りだけで終わりにせず、その後の関係を継続させるための内容を加えます。

▷ P38 問3

依頼状を書く

III 社外文書 19

配慮しつつお願いする

　仕事をするうえで、相手に何かを依頼する場面は多くあります。相手にお願いする文書であるため、依頼状を書く際には、一方的に要求するような表現を避け、相手を配慮し、丁寧な言葉遣いで書くことが重要となります。

● 依頼状を出す場面

　依頼状を書く場面は、新規取引の申し込み、見積書やカタログの送付、講演の依頼などさまざまあります。どのような場面であれ、相手に対して正式に依頼するのですから、用件を明確にして、丁寧にお願いする必要があります。

● 依頼状に書く内容

　依頼状は相手に対しての正式な依頼ですから、相手に依頼する内容を明確に伝える必要があります。内容、条件などは曖昧にせず詳しく書きましょう。また、目的がどのようなものであるかは具体的に示さなくてはなりません。

> **❗ 気をつけること**
> 　講演などの依頼状は、あらかじめ約束していたことやお互いに理解している物事を正式な依頼として送るものです。突然依頼状を送ることは失礼に当たるので、前もって了承を取ってから送るようにしましょう。

文書例1　見積書送付の依頼

　　　　　　　　　　　　　　　　　　　　　　　20XX年　4月1日

株式会社　M産業
営業部　山本三郎　様

　　　　　　　　　　　　　　　　　　　　　株式会社　O商事
　　　　　　　　　　　　　　　　　　　　　販売部　坂本洋介　印

　　　　　　　　　　　　見積書送付のお願い

拝啓
　①時下ますますご隆盛のこととお慶び申し上げます。
　さて、3月15日に見本をお送りいただきました下記の商品につきまして、お見積もりをお願いいたします。
　②ご多忙のなか大変恐縮ですが、③15日までにお見積書をご送付いただけますと幸いです。
　毎々無理ばかり申しまして恐縮ですが、なにとぞよろしくお願いします。
　　　　　　　　　　　　　　　　　　　　　　　　　　　　敬具

　　　　　　　　　　　　　　　④記
　　　品名・回数：BQ334EX（200個）
　　　納　　　期：20XX年　5月15日
　　　納品場所：弊社西日本倉庫
　　　代金支払：到着後翌月15日支払い

　　　　　　　　　　　　　　　　　　　　　　　　　　　　以上

注①：あいさつ文をまず書きます。「時下」は季節に関係なく使えます。
注②：一方的に相手に依頼するのではなく、配慮する表現を入れます。
注③：具体的に期日を指定するときは、「お願いします」などの直接的な言い方より「幸いです」など婉曲に表現するほうが丁寧です。
注④：依頼内容、条件を別記する場合、「記」と「以上」の間に書きます。

⇨ P39 問1

文書例2　アンケート協力の依頼

20XX年　3月10日

販売店各位

株式会社　Y化粧品
販売企画部　峯木弘子

新製品「Mシャンプー」に関するアンケートのお願い

拝啓

　時下、ますますご隆盛のこととお慶び申し上げます。
　さて、昨年12月に市場に投入いたしました「Mシャンプー」は3か月が経過して出荷数も当初予測を確保することができております。①これもひとえに販売店様のご尽力のお陰と心より感謝いたしております。当社は②更なる販売につなげるマーケティング企画を現在立案中です。③この度のアンケートはその参考とさせていただくものです。
　つきましては、ご多用中のところ恐縮ですが、④新製品「Mシャンプー」に対するご意見、指摘、要望を、お差支えのない限りで別紙アンケートにお答えいただきたく存じます。ご記入いただいたアンケートは、同封の返信用封筒で当社にお戻しいただきますようお願いいたします。

敬具

注①：良い業績は周囲の協力があるからだという感謝の気持ちを示します。
注②：アンケートの目的を明確に示します。
注③：アンケート結果をどのような目的で用いるかを示します。この意見によって今後の取引に影響しないことを示すことも必要です。
注④：具体的な内容、また、支障がある部分は書かなくてもいい、ということを示すことで答えやすくしています。

▷ P39 問2

文書例3　新規取引の依頼

20XX年1月15日

新規取引のお願い

拝啓

　時下、ますますご隆昌のこととお慶び申し上げます。
　さて、突然のことで恐縮でございますが、①貴社と新規に取引をお願いいたしたく、本状を差し上げる次第です。②弊社では、関東地区を中心に介護用品の企画・販売しております。③このたび業務拡張を図り、関西地区にも販路を広げることになりました。つきましては、御地で絶大なる信用をお持ちの貴社にお力添えを賜りたく、謹んでお願い申し上げます。
　なお、④弊社の信用状況につきましては、会社経歴書および営業案内書を同封させていただきます。弊社の信用状況につきましては、○○銀行○○支店に御照会いただければ幸いに存じます。同封の弊社資料を御高覧の上、何とぞご高配賜りますようよろしくお願い申し上げます。
　⑤まずは略儀ながら書中にてお願い申し上げます。

敬具

株式会社　Yデイケア　社長　山野清志

記

会社経歴書・営業案内書　各1通

以上

注①：本文の冒頭に目的を書きます。
注②：相手は自分のことを知らないので、業務内容などを具体的に書きます。
注③：新規取引を求める理由を相手にわかるように書きます。
注④：自分の会社の業績を照会できるようにします。
注⑤：正式な依頼は相手と会って行うため、ここでは「略儀」となります。

▷ P40 問3

III 社外文書 20

詫び状を書く

不備の謝罪・責任範囲の明確化

ビジネスにおいて、お客や取引先とトラブルが起こったとき、詫び状を書きます。詫び状は、言い訳などはせずにできる限り早く出すことが必要になります。

● 詫び状

お客や取引先とトラブルが起こったとき、自分の非を認めて相手に謝罪する文書です。相手の怒りをしずめ、こちらの責任であることを明確にするための文書ですので、相手に責任があったとしても書きません。

● 詫び状の内容

詫び状にはお詫びの言葉のほか、今後の改善策や決意などを記します。原因がわかる場合は相手に原因を知らせたほうが誠意が伝わりますが、不明の時は「調査中」と言って理解を求めることもあります。詫び状はこちらの非が明らかになったら、できるだけ早く出すようにしましょう。

> **! 気をつけること**
>
> 詫び状は全ての非がこちらにあることを認める文書です。詫び状を出してしまうことで非を全面的に認めることになってしまいます。どちらに非があるかはっきりしない場合、安易に詫び状を書いてしまうと勤務先に大きな損害を与えてしまうこともあります。まずはこちらに非があるとはっきりした上で詫び状を書きましょう。詫び状を書いたら終わりとするのではなく、必ず先方のところに伺って誠意を示しましょう。

文書例1　不良品のお詫び

20XX年8月6日

F商事　株式会社
大石康夫様

株式会社　Y電子工業
営業部長　黒木牧夫

不良品のお詫び

拝啓

　貴社ますますご清栄のこととお慶び申し上げます。
　さて、ご返送いただきましたコンピューターを検査致しましたところ、ご指摘のとおり、使用時に高熱をもつことが判明しました。検査に万全を期しておりましたが、①このような事態となり誠に申し訳ございません。②原因が判明し対策が講じられるまでは、出荷を停止することに致しました。
　③弊社では、原因解明をするため貴社へ納入させて頂きましたコンピューターを全品回収させていただきたいと考えております。代品は検査をして安全であった別機種を本日送付いたしました。貴社には多大なご迷惑をおかけしますことを深くお詫び申し上げます。また、返品に際して生じた費用に関しましては当社にご請求くださるようお願いいたします。
　④今後はこのようなご迷惑をかけないよう検査体制を強化しますので、何卒ご寛容いただきますようお願い申し上げます。
　なお、⑤故障の原因に関しましては至急対応し、別途ご報告いたします。

敬具

注①：あいさつ文の後、非があったことを認めて謝罪の言葉を書きます。
注②：そのトラブルに対して、どのように対応するかを書きます。
注③：一台だけではなく、他のコンピューターも回収することで、今後のトラブルを防ぐことを書いて再発防止に心がけていることを伝えます。
注④：今後の決意の文を書いて、相手に許してもらうことをお願いしています。

注⑤：原因がわかっていない場合、「現在調査中で後日報告します」のように、原因が判明したら報告する旨を書きます。

文書例2　支払い遅延のお詫び

20XX年12月10日

F商事　株式会社
代表取締役社長　福岡智彦様

株式会社　K金属

代表取締役社長　金川幸助

ご請求金のお支払い期日の件

拝啓
　時下、貴社ますますご清栄のこととお慶び申し上げます。
　さて、11月末日にお支払いすべき10月分代金のお支払いが遅れておりますことを誠に申し訳なく思っております。
　①この度の遅延は、弊社得意先が倒産いたしましたため、売掛金回収が不能となって予定しておりました決済資金の調達に時間を要してしまったことにあります。しかしながら、ここに至って資金調達の目途が立ち、貴社へご報告をいたす次第です。
　つきましては、②11月末日決済分は、12月15日に貴社指定口座に振り込ませていただきますので、③何卒、いましばらくのご猶予を賜りたくお願い申し上げます。④なお、12月以降は必ず期日どおりに決済いたす所存でございますので、今後とも従前どおりのお取引をよろしくお願い申し上げます。

敬具

注①：遅延の場合、理由が明確ですので具体的に理由を書きます。また、「当社」より「弊社」の方がよりへりくだった言い方になります。

注②：具体的な解決策を提示することで、相手に対しての誠意を示します。
注③：遅れたお詫びとともに、更に入金が遅れる旨を再度詫びることで、相手に許してもらおうという態度を示します。
注④：「従前」とは「以前と同じ」という意味です。　　　▷ P41 問1

文書例3　在庫切れのお詫び

20XX年3月22日

O商事　株式会社
営業部　片山光男様

株式会社K商事　営業部　山梨三郎

「業務用充電器」ご注文の件

拝啓
　時下ますますご清栄のこととお慶び申し上げます。平素より格別のお引き立てを賜り厚くお礼申し上げます。
　さて、この度ご注文いただきました「業務用充電器」ですが、現在品切れとなっており、①即納ができませんことを深くお詫び申し上げます。
　弊社としましても増産に取り組んでおりますが、原材料の輸入に時間がかかります。そのため、今回のご注文分は、1か月先の納品予定となります。貴社には大変ご迷惑をおかけしますが、何卒ご了解願います。
　つきましては②納期の件について、ご一報いただければ幸いです。
　まずは、お詫びとお願いを申し上げます。

敬具

注①：すぐに納入することを「即納」と言います。
注②：納期が遅れることでキャンセルになることもあるため、確認しています。
　　　　　　　　　　　　　　　　　　　　　　　▷ P42 問2

III 社外文書 21　督促状・抗議状を書く

婉曲的な申し入れ

　取引の上で先方に何か問題があった場合に、丁寧な表現・婉曲的な表現で要点をしぼって要望を伝えます。先方との関係を損ねないように配慮をしながら相手にこちらの意図を正しく理解してもらい、速やかな行動を促す表現を目指します。

● 催促状

　期限までに納品が行われなかったり、慣習としての期間をすぎても取引のための文書が送付されて来なかったりした時に、相手に不注意を気づかせて行動を促すための文書です。

● 督促状

　請求書を送付したにも関わらず、期限までに支払いが行われなかった場合、再度支払いを請求するために発行する文書を督促状といいます。ビジネス文書ではあからさまな非難や感情的な表現は用いず、「入金が確認できない」という趣旨の表現で速やかな支払いを促します。また入金と確認の「行き違い」が生じた時のために前もって謝罪の言葉も必ず入れます。

● 抗議状（クレームの申し入れ）

　取引の上で、不良品の混入など何らかの不具合が生じた場合に、それを知らせて対応を求める文書です。感情的な表現は避け、何がどのように問題であったか、どの点が契約通りではなかったか、ポイントを明確にして書きます。またその不具合についてどのように対応してほしいのか、例えば不良品のみの交換か不良品を含むロット（出荷した単位）全部の交換かなど、具体的に要望を書きます。また今後の取引に関して何らかの警告を書くこともあります。

❗ 気をつけること

こちらの目的は相手を非難することではなく、速やかに入金してもらうことなど、先方に行動を起こしてもらうことにあります。過度に強い語調の表現は先方との関係を損ねますから注意しましょう。とはいえ、このような問題が繰り返されると申し入れをする側も業務の負担になりますから、必要に応じて取引先に再発防止策を講じてもらうことになります。

文書例1　催促状

> 20XX年6月15日
>
> 株式会社　G事務機器
> 経理部　本田太郎様
>
> 　　　　　　　　　　　　　　　　　　株式会社　テクノM
> 　　　　　　　　　　　　　　　　　　経理部　安井次郎
>
> 　　　USBメモリAAA-320代金の領収書について①(お願い)
>
> 　拝啓　貴社ますますご清祥のこととお慶び申し上げます。②平素は格別のご高配を賜り、厚くお礼申し上げます。
> 　さて、20XX年4月20日付のUSBメモリAAA-320のご請求につきまして、5月31日に③貴社ご指定の口座にお振込いたしましたが、④ご確認いただけましたでしょうか。
> 　6月15日現在、領収書をいただいておりません。⑤ご多用中とは存じますが、経理の処理の都合上、至急お送りください。
>
> 　　　　　　　　　　　　　　　　　　　　　　　　　　　　敬具

注①：「〜について」という表題は用件が漠然としているので、括弧をつけて（お願い）（ご請求）など相手に依頼する行動を丁寧な表現で明記します。

注②：日常の取引に関するお礼の言葉を書きます。

注③：企業間の取引では「月末締め翌月末払い」など一定期間の請求に対してまとめて支払いが行われます。
注④：疑問形の弱い表現を使って相手の手順を確認します。
注⑤：配慮の表現をつけることによって良好な関係を保ちたい姿勢を示します。

▷ P43 問1

文書例2　督促状

　　　　　　　　　　　　　　　　　　　　　　　　　　20XX年7月15日
株式会社　Kオフィス
①<u>経理部長</u>　山崎義男様

　　　　　　　　　　　　　　　　　　　　　　　株式会社　K電子産業
　　　　　　　　　　　　　　　　　　　　　　　　①<u>経理部長</u>　近藤道夫

　　　　USBメモリDDD-550代金について ②<u>(支払いのお願い)</u>

拝啓　貴社ますますご清栄のこととお慶び申し上げます。
　さて、6月5日付で納品させていただきました「USBメモリDDD-550」50個の代金につきまして、③<u>お支払い期限を過ぎた今日現在</u>、④<u>ご入金が確認できておりません。</u>
　⑤<u>ご調査の上、</u>⑥<u>至急ご送金下さいます</u>ようお願いいたします。
　⑦<u>なお、本状と行き違いにご送金いただいた場合には、悪しからずご容赦ください。</u>

　　　　　　　　　　　　　　　　　　　　　　　　　　　　　　敬具

注①：経理責任者（部長など）から経理責任者宛の文書で出します。
注②：「督促」「催促」は強い表現なので避ける場合があります。
注③：いつの時点で未入金かを明記します。
注④：請求を催促するための言い方です。
注⑤：帳簿をチェックして未払いを確認してほしいという意味の表現です。
注⑥：再度支払い期限日を設定することもあります。

注⑦：既に入金したのに行き違いが生じた場合には悪く思わないでほしいという意味で、ことわり書きとして最後につけます。「悪しからずご容赦ください」の代わりに「何卒ご容赦ください」という文例もあります。

▷ P43 問2

文書例3　抗議状（クレームの申し入れ）

20XX年8月5日

株式会社　Jネットワーク
営業部　鈴木道代様

株式会社　H商業
営業部　岡部幸子

USBメモリFFF-432について（不良品返送）

拝啓　貴社ますますご清祥のこととお喜び申し上げます。
　さて、8月1日付でご配送いただきました「USBメモリFFF-432」①50個中8個にキャップ部分の一部破損が見られました。破損は5箱のうち2箱（1箱10個）に集中していました。
　つきましては、不良品を含む20個2箱をご返送したく、②回収のお手続きをお願い申し上げます。
　なお、このような不良品混入は、今年すでに2回目になります。商品不良につきましては、③今後の問題もございますので品質管理に一層のご留意をいただきますようお願い申し上げます。

敬具

注①：数量・不良の内容を簡潔に、かつ具体的に書くようにします。
注②：不良品の回収は、納入した側に責任があるため、担当者が回収に来ることを促しています。回収費用も納入した側が負担するのが一般的です。
注③：品質管理に改善の見込みがない場合には取引停止を行うことを、丁寧な表現でほのめかしています。

▷ P44 問3

付録 ①
ビジネスレターの定型表現

本文の内容は頭語・前文・主文・末文・結語で構成され、よく使われる慣用表現があります。

1. 頭語と結語

頭語は本文の最初に、結語は本文の最後に書く表現です。内容によって表現を選択します。

内容	頭語	結語
改まった文書	謹啓	敬具・敬白
一般的な文書	拝啓	敬具
緊急の時	急啓	草々・不一
返信の時	拝復・復啓	敬具
再信の時	再啓	敬具
前文省略の時	前略	草々・不一

2. 前文

前文は（1）時候の挨拶、（2）相手の繁栄への祝福、（3）日頃の感謝の三点についてこの順番で述べることが慣例になっています。

（1）時候の挨拶

月ごとの挨拶と、通年使える「時下」という表現があります。

通年	時下	
1月	新春の候　寒冷の候	寒さ厳しき折
2月	立春の候　春寒の候	春とはまだ名ばかりですが
3月	早春の候　春分の候	日増しに暖かくなってきましたが
4月	陽春の候　桜花の候	春たけなわとなりましたが
5月	新緑の候　立夏の候	風薫る五月となりましたが
6月	梅雨の候　初夏の候	紫陽花の季節となりましたが
7月	盛夏の候　猛暑の候	炎暑のみぎり
8月	残暑の候　立秋の候	残暑なお厳しき折柄
9月	初秋の候　秋分の候	朝晩は涼気を感じるようになりましたが
10月	紅葉の候　仲秋の候	秋色日毎に深まってまいりましたが

11月	晩秋の候　秋冷の候	鮮やかな紅葉の頃となりましたが
12月	初冬の候　師走の候	年内も余日わずかとなりましたが

（2）相手の繁栄を祝福する表現

貴社ますますご清栄のこととお喜び申し上げます
御社におかれましてはいっそうご発展のご様子、大慶に存じます
皆様にはますますご清祥のことと心よりお喜び申し上げます
時下いよいよご隆盛の段、お慶び申し上げます

（3）日頃の感謝を表す表現

日頃は格別のご厚情にあずかり誠にありがとうございます
平素は一方ならぬお引き立てを賜り厚くお礼申し上げます
日頃よりご愛顧いただきまして誠にありがたく存じます
いつも多大なご支援をいただき心から感謝申し上げます

3. 主文の書き起こし表現

　主文を書く際には、「さて……」から書き始めます。その後、「このたび……」「お問い合わせの……」「弊社では……」「標題の件につきまして……」と続けます。

4. 末文

　末文には、本文の締めくくりの挨拶として、今後の良好な関係を願う表現や、内容を確認する表現を添えます。

（1）今後の良好な関係を願う表現

どうぞよろしくお引き立てくださいますようお願い申し上げます
今後とも一層ご愛顧のほどお願い申し上げます
何卒ご高配賜りますようお願い申し上げます
今後ともどうぞよろしくお願い申し上げます

（2）内容の確認

まずは略儀ながら書中をもってお願い申し上げます
まずは書中をもってお知らせ（ご案内・ご連絡・ご報告）申し上げます
まずは取り急ぎ、ご挨拶（お礼・お詫び・お祝い）申し上げます
以上お礼かたがたお知らせ申し上げます
以上取り急ぎご回答申し上げます
以上よろしくご了承ください

付録 ②
封筒の書き方

　封筒の表面には送信先の住所と宛名、必要に応じて封筒の中身や目的を示す外脇付を書きます。裏面には送信元の住所、氏名、発信年月日を書きます。裏面の封はのりでつけ、セロテープやホチキスは使いません。文書の内容に応じて、漢字一字を書いて封印します。

1. 封筒の書き方（表面）

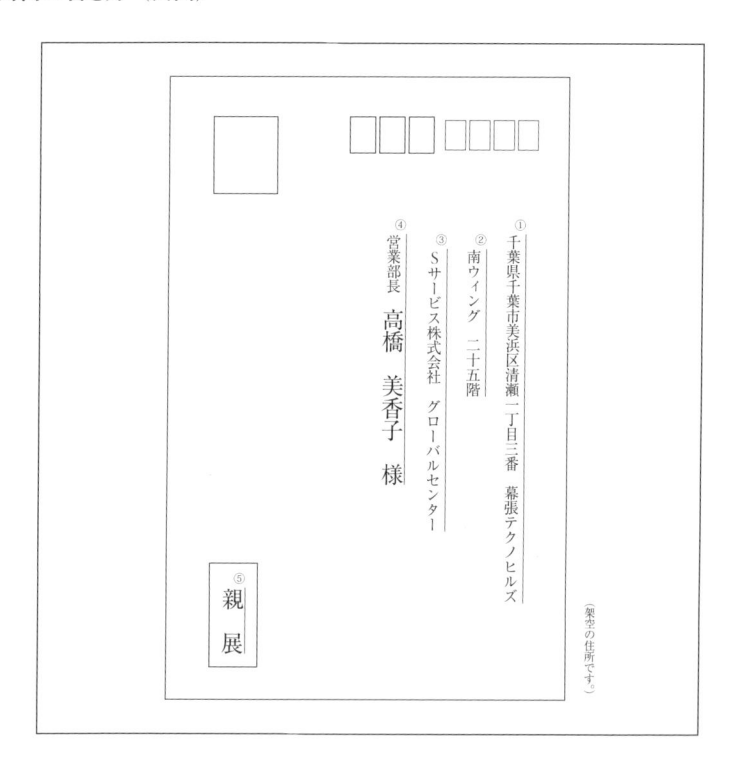

①　千葉県千葉市美浜区清瀬一丁目三番　幕張テクノヒルズ
②　南ウィング　二十五階
③　Ｓサービス株式会社　グローバルセンター
④　営業部長　髙橋　美香子　様
⑤　親展

（架空の住所です。）

注①：住所は宛名より小さめに書き、縦書きの場合は番地名に漢数字、横書きの場合はアラビア数字を用います。
注②：住所が長くて書けない場合は、町名や建物名など区切りのいい場所で改行し2行に分けて書きます。2行目は1行目より1字分下げて書き始めます。
注③：会社名は改行して、住所の文頭より一字下げて正式名称を書きます。
注④：宛名は中央に大きく書きます。宛名に役職名を書く場合は、名前の上に小さめに書いて、

バランスをとります。宛名が個人の場合は敬称に「様」、会社や部署など組織の場合は、「御中」と書きます。

注⑤：「親展」は外脇付と呼ばれ、「ご本人自らが開けてください」という意味です。封筒の中のものや、発信者の要求の内容を書きます。「至急」「重要」、中に何が入っているかを示す場合は、「○○在中」と書きます。宛名の左下に書き、枠で囲みます。

2. 封筒の書き方（裏面）

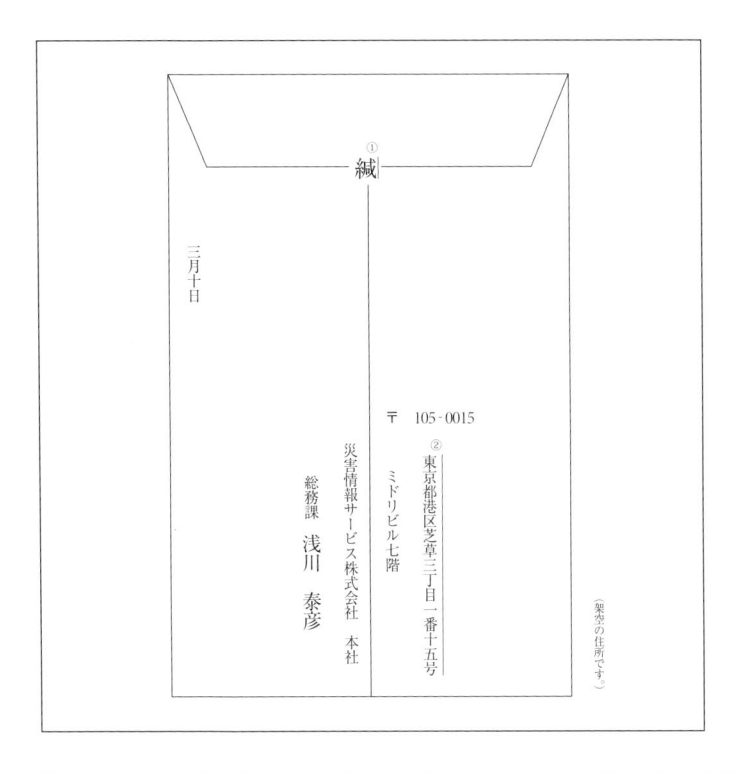

```
                    ① 緘

三月十日

                    〒 105-0015
              ② 東京都港区芝草三丁目一番十五号
                  ミドリビル七階
        災害情報サービス株式会社　本社
        総務課　浅川　泰彦

                                （架空の住所です）
```

注①：「緘」は「確かに封をしました」という意味です。このほか、「〆」「締」「封」などが用いられます。

注②：住所はセンターラインの右側、差出人名はセンターラインの左側に書きます。住所・差出人名を左側にまとめて書く場合もあります。

付録 ③
ビジネスメールの書式

　メールを作成・送信する際、できるかぎりトラブルの原因にならないよう、メールについての作法などを身につけましょう。

1. 件名（タイトル）
　内容・目的・所属が簡潔にわかるような件名にしましょう。

2. 宛先（TO・CC・BCC）
　CCかBCCを正しく・上手に使いましょう。メールを送った／送っていないといったトラブル防止のため、自分のメールアドレスをCCかBCCに入れておくことをおすすめします。
　CCはあくまで「内容」で決めるものです。情報を共有しておきたい人をCCに入れましょう。
　また、複数の人に同じメールを一斉送信する場合、TOには自分のメールアドレスを入れ、BCCには送りたい人のメールアドレスを入れておくと無難です。

3. 署名
　必ずメールの本文の最後に所属・氏名・メールアドレス・電話番号など相手に知らせておきたい情報を載せておきましょう。

文書例

```
宛先：XXX@yamakawafood.co.jp
件名：① 合同お花見日程調整
② CC：ueharaXXX@umisora.co.jp
③ BCC：kinjoXXX@umisora.co.jp

ヤマカワ食品　各位
(cc:上原）

お世話になっております、うみそら商事の金城です。

本年も毎年恒例「合同お花見」の時期が近づいてまいりました。

つきましては、お忙しいところ誠に申し訳ございませんが、貴社のみなさまのご都合を教えていただければ幸いです。
```

まことに勝手ながら、9月30日までに④小職(kinjoXXX@umisora.co.jp)宛までご返信ください。

失礼いたします。

****
⑤金城たけし
うみそら商事　総務部総務課
Tel：03-xxxx-xxxx(内線xxxx)
E-Mail：kinjoXXX@umisora.co.jp
****

注①：件名を見て、どのような内容のメールなのかわかるような件名にします。この場合は都合のいい日にちを聞くメールだとわかります。
注②：情報共有しておきたい人（この場合は上司）をCCに入れています。
注③：メールを送った／送っていないというトラブルを避けるため、BCCに自分のメールアドレスを入れています。
注④：ビジネスの場面では、自分のことを「私」ではなく「小職」と書く場合もよくあります。
注⑤：署名に氏名・所属・連絡先を明記しています。

参考文献　本書を執筆するにあたって参考にしたものを中心に示します。

安部朋世・福嶋健伸・橋本修	2010	『大学生のための日本語表現トレーニング　ドリル編』(三省堂)
阿部紘久	2009	『文章力の基本』(日本実業出版社)
岩澤みどり・海老原恭子	2009	『改訂新版日本企業への就職　ビジネスマナーと基本のことば』(アスク)
岩澤みどり・寺田則子	2006	『日本企業への就職　ビジネス会話トレーニング』(アスク)
奥村真希・釜渕優子	2007	『しごとの日本語　電話応対基礎編』(アルク)
奥村真希・釜渕優子	2008	『しごとの日本語　メールの書き方編』(アルク)
奥村真希・安河内貴子	2007	『日本語ビジネス文書マニュアル』(アスク)
梶原しげる	2010	『敬語力の基本』(日本実業出版社)
釜渕優子	2008	『しごとの日本語　ビジネスマナー編』(アルク)
菊地康人	2010	『敬語再入門』(講談社)
語研編集部編	2008	『社会人の常識敬語ドリル』、『社会人の常識漢字ドリル』(語研)
坂本直文	2011	『内定者はこう書いた！　エントリーシート・履歴書・志望動機・自己PR　完全版』(高橋書店)
三省堂編修所	2007	『すぐに役立つ　日本語活用ブック』(三省堂)
三省堂編修所	2009	『すぐに役立つ　スピーチ例活用ブック』(三省堂)
三省堂編修所	2009	『すぐに役立つ　文例活用ブック』(三省堂)
JALアカデミー	2008	『改訂新版ビジネス日本語用例辞典』(アスク)
ジェシー・S・ニーレンバーグ・小川敏子訳	2005	『「話し方」の心理学』(日本経済新聞出版社)
TOPランゲージ	2006	『新装版実用ビジネス日本語』(アルク)
中村萬里	2007	『使える！マナーの鉄則100』(双文社出版)
橋本修・安部朋世・福嶋健伸	2008	『大学生のための日本語表現トレーニング　スキルアップ編』(三省堂)
弘兼憲史	2002	『知識ゼロからのビジネスマナー入門』(幻冬舎)
弘兼憲史	2005	『知識ゼロからの敬語マスター帳』(幻冬舎)
福嶋健伸・橋本修・安部朋世	2009	『大学生のための日本語表現トレーニング　実践編』(三省堂)
藤田英時	2010	『メール文章力の基本』(日本実業出版社)
宮崎道子監修・瀬川由美・紙谷幸子・北村貞幸著	2008	『人を動かす！実戦ビジネス日本語会話』(スリーエーネットワーク)
吉川香緒子監修	2008	『さすが！と言われるビジネス敬語のルールとマナー』(高橋書店)
米田隆介・藤井和子・重野美枝・池田広子	2006	『新装版ビジネスのための日本語』(スリーエーネットワーク)
米田隆介・藤井和子・重野美枝・池田広子	2006	『新装版商談のための日本語』(スリーエーネットワーク)

編著者紹介

真田治子（さなだ　はるこ）

立正大学経済学部教授
担当：21章

野原佳代子（のはら　かよこ）

東京工業大学留学生センター／大学院
社会理工学研究科准教授
担当：5章、6章

長谷川守寿（はせがわ　もりひさ）

首都大学東京大学院人文科学研究科
准教授
担当：4章、8章、9章

執筆者紹介

伊藤孝行（いとう　たかゆき）

名桜大学国際学群専任講師
担当：13章、17章、付録③

田貝和子（たがい　かずこ）

秋田工業高等専門学校専任講師
担当：11章、15章、16章

竹内直也（たけうち　なおや）

恵泉女学園大学非常勤講師
担当：7章、12章、14章、19章、20章

永岡悦子（ながおか　えつこ）

流通経済大学流通情報学部准教授
担当：1章、10章、付録①②

大和シゲミ（やまと　しげみ）

梅花女子大学非常勤講師
担当：2章、3章、18章

編集協力：(株)翔文社

大学生のための社会人入門トレーニング　コミュニケーション編

2011年9月 5日第1刷印刷　　編著者：真田治子、野原佳代子、長谷川守寿
2011年9月10日第1刷発行　　発行者：株式会社 三省堂　代表者 北口克彦
　　　　　　　　　　　　　印刷者：三省堂印刷株式会社
　　　　　　　　　　　　　発行所：株式会社 三省堂
　　　　　　　　　　　　　〒101-8371 東京都千代田区三崎町二丁目22番14号
　　　　　　　　　　　　　編集 (03) 3230-9411　営業 (03) 3230-9412
　　　　　　　　　　　　　振替口座　00160-5-54300
　　　　　　　　　　　　　http://www.sanseido.co.jp/

落丁本・乱丁本はお取り替えいたします。
©Sanseido.Co.,Ltd.2011 Printed in Japan
ISBN978-4-385-36543-5

〈社会人入門　コミュニケーション編・96+56pp.〉

R 本書を無断で複写複製することは、著作権法上の例外を除き、禁じられています。本書をコピーされる場合は、事前に日本複写権センター
（03-3401-2382）の許諾を受けてください。また、本書を請負業者等の第三者に依頼してスキャン等によってデジタル化することは、た
とえ個人や家庭内での利用であっても一切認められておりません。

所属 _____ ____ 年 ____ 月 ____ 日

番号 _____ 氏名 _____

I コミュニケーション 1

挨拶をする

初対面の挨拶・名刺交換

問1 会話を完成してください。

A：C常務、今度、Dさんの後任として入ってもらった、Bさんです。
B：（ ① 経理課に配属されたことも入れて、自己紹介してください。）

_____

C：Cです。こちらこそ、よろしく。何か困ったことがあったら、遠慮なく部長や私に言ってくださいね。
B：（ ② お礼を言ったあと、仕事への意気込みを述べ、自己紹介を締め括ってください。）

_____

📖 P6 会話例1を確認

問2 あなたは、Kトラベルの新入社員で営業部に配属され、朝礼で自己紹介を行うよう、上司から指示されました。あなたは東西大学を卒業し、国際観光学部で、観光社会学を専攻していました。大学生の時、Kトラベルでインターンシップをしたことがあります。名前と簡単な経歴を述べ、仕事に対する意気込みを1分程度で話してください。

📖 P6 会話例2を確認

所属＿＿＿＿＿＿＿＿＿＿＿＿＿＿＿＿＿　＿＿年＿＿月＿＿日

番号＿＿＿＿＿＿　氏名＿＿＿＿＿＿＿＿＿

I コミュニケーション

1

挨拶をする

初対面の挨拶・名刺交換

問3 会話を完成してください。

A：（ ① 初めて会う社外の人に、見積もりの問い合わせをしてもらったことに礼を述べ、自分がHプランニングのAであると自己紹介してください。）

＿＿
＿＿

B：S木材のBです。よろしくお願いいたします。

A：（ ② いつも電話の連絡が中心であったことを詫びてください。）

＿＿

本日は、詳細について直接ご説明させていただければと思っております。
どうぞよろしくお願いいたします。

📖 P7 **会話例3を確認**

問4 次のA～Cにあてはまる名前を下の＿＿の中から選んでください。

A：初めまして。「カワモト」と申します。縦三本「がわ」の「カワ」に、「げんき」の「ゲン」の字の「カワモト」です。

＿＿＿＿＿＿＿＿＿＿＿＿＿＿＿＿＿＿＿＿＿＿

B：初めてお目に掛かります。「ナカヤ」と申します。「なかよし」の「ナカ」に、「ゆみや」の「ヤ」と書いて、「ナカヤ」です。

＿＿＿＿＿＿＿＿＿＿＿＿＿＿＿＿＿＿＿＿＿＿

C：初めまして。私は「カマダ」でございます。「なべ・かま」の「カマ」に、「たんぼ」の「タ」で、「カマダ」と読みます。紛らわしくて申し訳ないのですが、よろしくお願いいたします。

＿＿＿＿＿＿＿＿＿＿＿＿＿＿＿＿＿＿＿＿＿＿

| 川本　河元　川元　仲矢　中矢　仲失　釜田　鎌田　窯田 |

📖 P7 **会話例3を確認**

所属 _____ _____ 年 ____ 月 ____ 日

番号 _____ 氏名 _____

	I コミュニケーション 2

依頼する・質問する

相手の事情も考慮する

問1 上司や社外の人に対して次の（1）～（4）の内容を依頼する場合の丁寧な言い方を考えてください。

（1）「この機械の使い方を教えて」

_____

（2）「ここにサインして」

_____

（3）「ここで待ってて」

_____

（4）「提出期限を延期して」

_____

📖 P10 会話例1を確認

問2 同じ部署の先輩に少々頼みにくいことを依頼します。会話を完成してください。

A：（ ①　Bさんに呼びかけて、お願いがあることを告げてください。）

_____

B：はい。何ですか。

A：（ ②　午後の会議にこの資料のコピーが必要だが、自分は会議室のセッティングをしなければならないと説明してください。）

_____

_____

（ ③　Bさんも忙しいだろうから、こんなお願いをすることをとても申し訳なく思うという気持ちを表し、会議用資料の人数分のコピーを依頼してください。）

_____

_____

次ページへ続く

所属 _____ _____年 _____月 _____日

番号 _____ 氏名 _____

I コミュニケーション
2

依頼する・質問する

相手の事情も考慮する

B：わかりました。12時までにやっておけばいいですか。
A：はい。12時までにお願いします。ありがとうございます。

📖 P10 会話例2を確認

問3 次回の会議について知らせる文書の中で、会議日程の日付と曜日が合っていないことに気付きました。会話を完成させてください。

A：（ ①　B課長に呼びかけて、教えてほしいことがあることを告げてください。）

_____

B：はい。何ですか。
A：（ ②　会議日程について正しい日付と曜日を引き出す質問をしてください。）

_____

B：うむ。ちょっと待って。確認するから。ああ、これは日付の方が間違っているね。言ってくれてありがとう。

📖 P11 会話例3を確認

問4 次の質問は、オープンクエスチョンでしょうか。クローズドクエスチョンでしょうか。

（1）A社の今後については、どのようにお考えですか。 _____

（2）来週の研修会には参加されますか。 _____

（3）会議は何時からですか。 _____

（4）売上が落ちているのはなぜだと思いますか。 _____

（5）この3つの中では、どれがお好きですか。 _____

📖 P11 会話例4を確認

4

敬語を使う

尊重する気持ちを言葉で表す

問1 次の文の下線部を（　）内の敬語にしてください。

（1）佐藤様がそのように<u>言いました</u>。（尊敬語）

（2）2枚目の資料を<u>見てください</u>。（尊敬語）

（3）14時に御社に<u>行きます</u>。（謙譲語ⅠorⅡ）

（4）先ほどみなさまに<u>言いましたように</u>…（謙譲語ⅠorⅡ）

（5）先日送っていただいた資料、<u>見ました</u>。（謙譲語Ⅰ）

（6）弟にそのように<u>言いました</u>。（謙譲語Ⅱ）

📖 P14 文例1を確認

問2 次の問いに答えてください。

（1）次の表の空欄に適切な尊敬語の形を入れてください。

	帰る	帰宅する
〜（ら）れる		
〜なさる		
お・ご〜になる		
お・ご〜なさる		
お・ご〜です／だ		
お・ご〜くださる		

（2）次の表の空欄に適切な謙譲語Ⅰまたは謙譲語Ⅱの形を入れてください。

	返す	返答する
お・ご〜する		
お・ご〜申し上げる		
お・ご〜いただく		
〜いたす		

📖 P15 文例2を確認

敬語を使う

尊重する気持ちを言葉で表す

問3 下の（1）～（8）について、正しい方を選んで記号に○をつけてください。

(1) a 佐藤様がそのようにおっしゃられました。
　　 b 佐藤様がそのようにおっしゃいました。

(2) a 昼食はもう召し上がられましたか。
　　 b 昼食はもう召し上がりましたか。

(3) a 佐藤様がそのようにおっしゃっていました。
　　 b 佐藤様がそのように申されていました。

(4) a ご理解くださいますようお願いいたします。
　　 b ご理解してくださいますようお願いいたします。

(5) a 先日お送りした資料は拝見なさいましたか。
　　 b 先日お送りした資料はご覧になりましたか。

(6) a 佐藤様が私にそのように申し上げました。
　　 b 佐藤様が私にそのようにおっしゃいました。

(7) a 昨日、弟の家に伺いました。
　　 b 昨日、弟の家に参りました。

(8) a ご利用してくださいましてありがとうございます。
　　 b ご利用くださいましてありがとうございます。

P16 文例3を確認

問4 次の内容の文章を、高速バスの乗客に向けての丁寧で改まった言い方にしてください。

　みなさん、長時間の乗車、おつかれさまでした。もうちょっとで大阪梅田に着きます。乗るときに（乗務員が）見た乗車券は、乗務員に渡してください。面倒くさいですけど、手元に乗車券の準備をしてください。降りる時は、忘れ物がないように、もう一回身の回りのものを確かめてください。それと、バスが完全に止まるまで席を立たないようお願いします。今日は、O高速バスを利用してもらって本当にありがとうございました。また利用してくれるのを心から待ってます。

P17 文例4を確認

所属 _____ ____年 ___月 ___日
番号 _____ 氏名 _____

I. コミュニケーション
4

電話の応対をする

電話をかける・受ける・アポを取る

問1 同じ営業部に所属するAさんとBさんの会話を完成させてください。

A：（ ① 電話に出て、L物産株式会社の営業部であることを名乗ってください。）

_____

B：もしもし、Aさん。Bだけど、課長いる。
A：（ ② 挨拶をし、課長が会議で不在であることを伝えてください。）

_____

B：そうか。では、ちょっと伝えてもらいたいことがあるのですが。

📖 P19 会話例1を確認

問2 M商事のAさんとNチューニングのBさんの会話を完成させてください。

A：Cさん、いらっしゃいますか。
B：申し訳ございません。ただいま、外出中でございますが。
A：（ ① 戻る時間がわかるか、聞いてください。）

_____

B：4時の予定でございますが。もしよろしければ、何かお伝えしましょうか。
A：（ ② 伝言をお願いし、先日相談した商品の見積もり書を送ってもらえるように、頼んでください。）

_____

B：先日相談した商品の見積もりをお送りするということでございますね。

📖 P20 会話例2を確認

所属 _____ ____ 年 ____ 月 ____ 日
番号 _____ 氏名 _____

I コミュニケーション
4

電話の応対をする

電話をかける・受ける・アポを取る

問3 AさんがSデザインのBさんに電話をかけ、Bさんが出てあいさつがすんだところから、以下の会話を完成させてください。

A：依頼されておりました本のデザインのサンプルができましたので、お持ちしたいと思っているのですが。
B：そうですか、予定より早かったですね。
A：（ ① 都合のいい日を聞いてください。）
_____

B：そうですね。
A：（ ② 来週の月曜日を提案してください。）
_____

B：来週の月曜日ですか。あっ、大丈夫ですよ。
A：（ ③ 時間の都合を聞いてください。）
_____

B：じゃ、2時頃でお願いできますか。
A：（ ④ 了解して確認してください。）
_____

B：それじゃ、来週の月曜日、2時で。
A：（ ⑤ ミーティングの場所を聞いてください。）
_____

B：あっ。エー、406号室に来てください。受付に伝えておきますので。
A：（ ⑥ 確認してください。）
_____

B：はい、お願いします。
A：ありがとうございました。失礼いたします。

📖 P21 会話例3を確認

所属 _____ 年 ___ 月 ___ 日

番号 _____ 氏名 _____

Ⅰ コミュニケーション
5

スケジュールをひく

仕事の段取りを組み立てる

問1 あなたは子供向けの科学実験イベントの準備と実施の統括をまかされました。下はAイベント当日のプログラムとBタイムランです。抜けている部分には、どんな言葉が入るでしょうか。①～⑤に指示した内容を入れてください。

A

```
        夏休み科学実験教室「ロボットを作ろう」
        プログラム　20XX年8月10日C会館大ホール

    12：45   開場・受付
    13：00   開始・オープニング映像
    13：05   開会の挨拶
    13：10   科学教室開始
    14：50   作品発表会
    15：35   閉会の挨拶
    15：40   終了              主催：TD大学工学部
```

① 運び入れること。　② 決められた仕様にセッティングすること。　③ このイベントを実施する最終責任者。
④ 実験をする各グループの子供たちの人数と、彼らに実験機材がいきわたっているかどうかをチェックすること。
⑤ 機材やテーブルなど、イベントのためにおいてあったものを運び出すこと。

B

時間	作業	担当	備考
11：30	社から現地集合	全員	駅からの道順がわかりにくいので注意
12：00	実験機材到着→ ①（　　　　）と ②（　　　　）	安原・田中 宇佐美・平川	株）山田 090-XXX-XXXX
12：15	撮影機材準備	合田・山本	
12：45	開場・受付	平川	挨拶を忘れずに！
13：00	開始アナウンス	菅原	
13：05	③（　　　　）挨拶	武田社長	
13：10	科学教室スタート	安藤先生	④（　　　　　　　　）

次ページへ続く

所属 _____ ＿＿年＿＿月＿＿日
番号 _____ 氏名 _____

I コミュニケーション 5

スケジュールをひく

仕事の段取りを組み立てる

14：50	作品発表会	安藤先生、コメント	終演は15：45までなら延長可
15：35	終了の挨拶	武田社長	
15：40	終演アナウンス　→　参加者退場	菅原	出口でアンケートを受けとる
16：00	⑤（　　　　　）開始	全員	
16：40	完了・最終確認	全員	

📖 P23・24 文書例1・2を確認

問2 1週間の間に、A社・B社を訪問し業務を行うために用意するスケジュール表です。各訪問には、アポイントメントの確認→資料準備→訪問→報告書やコメントの作成が必要です。
次のア～オは、スケジュール表の①～⑤のどこかに入る項目です。各項目がどこに入るかを答えてください。
　ア　課長に提出する　　　　　　　　　　　イ　チーフに資料OKをもらう
　ウ　シンポジウムについてのコメントをまとめる　　エ　企画室の中山さん　03-57XX-11XX
　オ　シンポジウム登録を確認

日にち		作業	扱う企業		備考
			A社	B社	
7月1日(月)	午前	・担当者にアポ確認	○		①（　　　　　）
	午後	・資料作成・印刷	○		チーフにOKをもらう
2日(火)	午前	・チームでミーティング		○	
	午後	・A社訪問・営業	○		
3日(水)	午前	・報告書をまとめる	○	○	②（　　　　　）
	午後	・担当者に　③（　　　　　） ・シンポジウムのための資料作成		○	総務の斉田さん ④（　　　　　）
4日(木)	午前	・チームでミーティング・資料印刷		○	
	午後	・B社シンポジウムに参加		○	
5日(金)	午前	⑤（　　　　　）		○	B社担当者と課長両方に提出
	午後	・今週の営業報告を来週のミーティングに向けて作成	○	○	チーフと詳細確認

📖 P25 文書例3を確認

I
コミュニケーション
6

図表を解説する

資料を上手に利用する方法

問1 次の図表を示しながらミーティングで企画のプレゼンテーションをします。適切な表現を入れて会話を完成させてください。

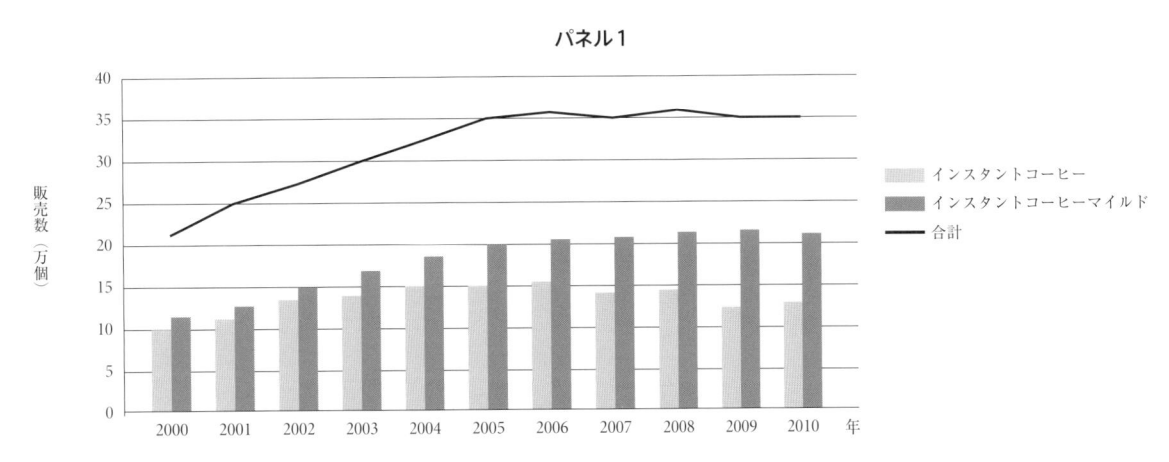

パネル1

A：今日は、マーケティング調査企画についてご説明します。対象は、わが社のABBインスタントコーヒーです。まず調査が必要な理由ですが、①（　　　　　　　　　　　）（パネル1を見せる）。グラフの棒は、それぞれABBインスタントコーヒーと、ABBインスタントコーヒーマイルドの販売数を示しています。販売数は、2000年から2005年の間は②（　　　　　）（該当箇所を指し示す）。しかしそれ以降現在に至るまで、③（　　　　　　　　）（該当箇所を指し示す）。④（　　　　　　　　）売れ行きがどちらも停滞しているので、その背景を調査したいと思います。

📖 P27 会話例1を確認

問2 次の2枚の図表を示しながらさらに企画プレゼンテーションを続けます。適切な表現を入れて会話を完成させなさい。

A：2種類の売り上げがどちらも横ばいというわけではありません。①（　　　　　　　　　　　）（2つのグラフを順番に見せる）。これは、ABBインスタントコーヒーの年間総売り上げのうち、2種類のシェアを示したものです。マイルドの方は、2007年以降過去3年間で②（　　　　　　　　　）（マイルドの部分を指し示す）。なぜマイルドが売り上げを伸ばしているのかを明らかにするためにも調査が必要です。

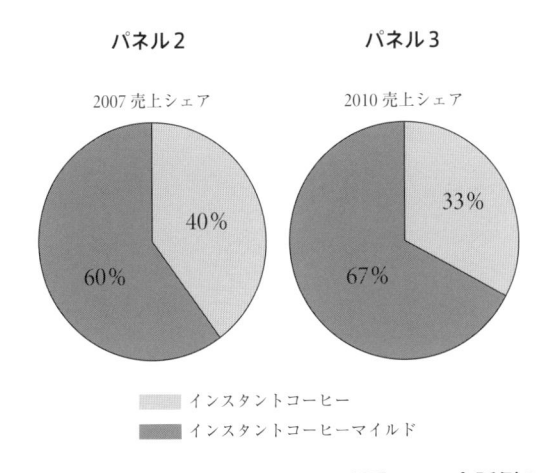

パネル2　2007売上シェア
パネル3　2010売上シェア

📖 P28 会話例2を確認

図表を解説する

資料を上手に利用する方法

問3 次の図表を示しながら、企画プレゼンテーションにおいて自分の主張を展開します。適切な表現を入れて会話を完成させてください。

パネル4　2010年 商品別購入者年齢層

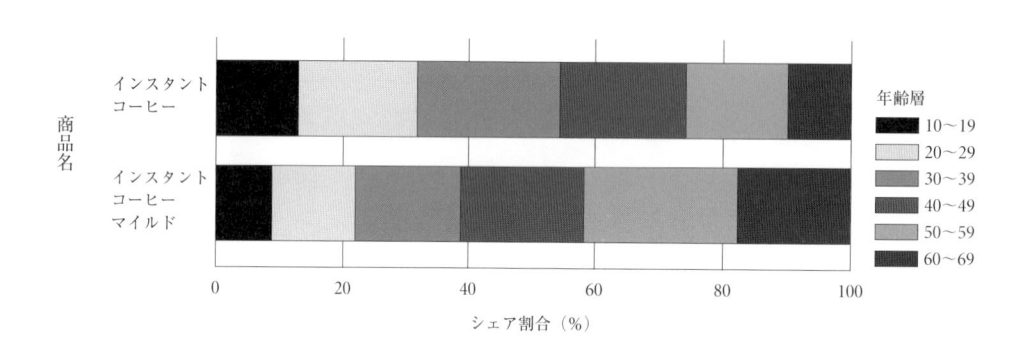

（グラフ：商品名＝インスタントコーヒー、インスタントコーヒーマイルド、横軸＝シェア割合（％）、凡例：年齢層 10〜19、20〜29、30〜39、40〜49、50〜59、60〜69）

A：前回に実施したマーケット調査結果の一部をご覧ください（パネル4を見せる）。このグラフは、①（　　　　　　　　　　　　　　　）示したものです。このグラフは、②（　　　　　　　　　　　　　　　）を横軸で示しています。例えば、マイルドを購入しているのは50代の人が多かったことがわかります。

📖 P29　会話例3を確認

発展問題

あなたは、B社チョコレートクッキーの売り上げが減少していることを提示し、PR戦略の変更を主張したいと思っています。ミーティングでこのグラフを見せ、どのように説明しますか。グラフの解説を文章にしてみましょう。

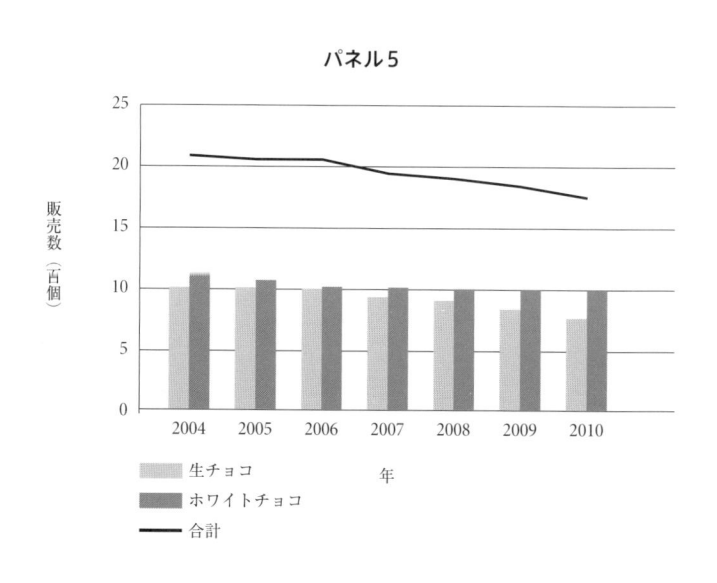

パネル5

（グラフ：販売数（百個）、2004〜2010年、生チョコ、ホワイトチョコ、合計）

所属	年　　　月　　　日
番号　　　　氏名	

クレームをつける

冷静に対応する

問1　会話を完成してください。

A：はい、I電機、お客様コールセンターのAです。
B：（　①　今朝届いた電卓が不良品だったことを伝えてください。）

A：あっ、そうですか。申し訳ございません。どのような状態でしょうか。
B：（　②　電池を入れても電源が入らないので、商品を交換してほしいことを伝えてください。）

A：はい、了解しました。お手数ですが、弊社まで着払いでご郵送して頂けますか。すぐに新しい品とお取り換えいたします。
B：（　③　郵送することを、相手に伝えてください。）

A：はい、かしこまりました。お手数をおかけしまして申し訳ございません。お電話ありがとうございます。

📖 P31・32　会話例1・2を確認

問2　会話を完成してください。

A：あの、一つ確認したいのですが、御社の支払いは15日締めの月末払いでしたね。
B：はい、そうです。
A：先月のパンフレットの印刷代の件なのですが、先月1日に請求書をお送りしたのですが、まだお支払頂いていないのですが。
B：（　①　お詫びの言葉を伝え、経理にすぐ確認するので、待ってほしい旨を伝えてください。）

📖 P32　会話例3を確認

所属 ＿＿＿＿＿＿＿＿＿＿＿＿＿＿＿＿＿＿＿＿　＿＿＿年＿＿＿月＿＿＿日
番号 ＿＿＿＿＿＿＿＿　氏名 ＿＿＿＿＿＿＿＿＿＿

I
コミュニケーション
7

クレームをつける

冷静に対応する

問3 次の条件で会話を完成させてください。（A：小売店店員　B：メーカー社員）

A：（　①　注文した品がコーヒーカップ20セットであることを確認してください。）

B：はい、そのように承っております。
A：確認したところ、15セットしか入っていないのですが…。
B：（　②　お詫びの言葉を伝えてください。）

A：残りの5セットはいつ届けていただけますか。
B：（　③　在庫がないので届き次第連絡することを伝えてください。）

A：（　④　注文が入っているので、できるだけ早く届けてほしいと伝えてください。）

B：申し訳ございません。今後はこのようなことがないようにいたします。お電話ありがとうございます。

📖 P33　会話例4を確認

発展問題

次の条件でクレームの会話を完成してください。
お客さんA：先週頼んだ靴の色が注文した白ではなく黒が届いた。取り換えてほしい。
店員B：他のお客さんのオーダーと間違えて違う色の靴を送ってしまった。白は今お店にないので、明日までに用意して送る。

意見を述べる

賛成する・反対する・保留する

問1 会話を完成してください。

(1) A：ブランド名を、そろそろ替えた方がいいと思うのですが。
　　B：【賛成して理由を挙げます。】（①　　　　　　）。もうこの名前はずっと使っていて、古いイメージが（②　　　　　　）。そのイメージを一新する時期に来ていると（③　　　　　　）。（④　　　　　　）、ニュースにも（⑤　　　　　　）。

(2) A：私は、各部署に2台ずつ採用することを提案したいと思います。
　　B：【台数の部分について、反対する意見を述べます。】私は、Aさんの意見も（⑥　　　　　　）が、台数については、（⑦　　　　　　）と思います。値段もかなりする（⑧　　　　　　）、そもそも2台必要な理由が（⑨　　　　　　）。1台で十分（⑩　　　　　　）。

(3) A：部長、10月の国際見本市に私たちも出展してみたらと思うんですが。
　　B：【参加した方がいいと考えるが、理由を挙げ保留します。】うーん、参加したいのは山々だが、10月というのは（⑪　　　　　　）。今の調子だと、10月に見せられるのは、まだプロトタイプだ（⑫　　　　　　）。申込みまでまだ（⑬　　　　　　）、開発の進み具合を見て、そこで、判断（⑭　　　　　　）

　　　　　　　　　　　　　　　　　　　　　　　　📖 P35 会話例1・2を確認

問2 Aは経理部、Bは広報部の社員です。会話を完成してください。

A：来年度のサプリメントの販売戦略なんですが、今年度と同程度の規模で、さらなるコストダウンを目指すということでいいのではないでしょうか。

B：（　①　相手の提案を受け、グラフを根拠に、市場が拡張している分野であること、さらに大きな成長が見込めることを理由に、反対の意見を述べてください。）

A：（　②　相手を認めながらも、売り上げは伸びているが、サプリメントは新規参入が相次ぎ、競争が激しくなっているので、現状の維持を第一にすべきだと主張してください。）

B：（　③　相手の意見を認めながらも、来年度は一層の広告宣伝活動を行い、顧客ターゲットを広げるべきであると主張してください。）

次ページへ続く

所属＿＿＿＿＿＿＿＿＿＿＿＿＿＿＿＿＿　＿＿年＿＿月＿＿日
番号＿＿＿＿＿＿＿　氏名＿＿＿＿＿＿＿＿

I
コミュニケーション
8

意見を述べる

賛成する・反対する・保留する

A：そうですね。この件はまだ決定までに時間がありますから、もう一度それぞれの部内で検討することにしましょう。

📖 P36 会話例3を確認

問3　会話を完成してください。

A：新製品のキャンペーンの企画案ですが、来週中にお持ちするということでよろしいでしょうか。
B：（ ①　その提案に感謝し、了解してください。）

A：キャンペーンの場所と回数なんですが。
B：（ ②　できるだけ多くの場所で大々的に行いたい旨、伝えてください。）

A：具体的に何カ所くらいをお考えですか。
B：（ ③　返答を保留し、決まり次第連絡する旨、伝えてください。）

A：わかりました。できるだけ早く場所を押さえておかなければなりませんからね。
B：（ ④　理由を挙げて賛成してください。）

A：では、場所に関しましては、決まり次第ご連絡いただけますよう、お願いします。

📖 P37 会話例4を確認

I コミュニケーション
9

説得する

段階をふんで話を進める

問1　会話を完成してください。

(1) **販売のAさんと、企画・開発のBさんの会話です。**
A：今度のスキャナーの値段は、ちょっと高すぎじゃないですか。
B：【理由を挙げ、反対意見を述べます】（①　　　　　　　　　　　）。でも、形がコンパクトになり、新しいソフトもたくさん付いたし、処理速度も速くなったから、（②　　　　　　　　　　　　　　　　　　）。
A：C社の同機種より、2万円も高いんじゃ、対抗できないんじゃないですか。
B：【反対の意思表示を行い、別の理由を挙げ、セールスポイントを強調して説得します】（③　　　　　　）。まず、今度のは、大きさが20％小さくなったでしょ。これなら個人の机の上にも置けるし、デザインもすっきりしているでしょ。ですから、新しい需要を掘り起こせそうだし、この点をアピールして欲しいですね。営業にもこの点を強調してもらえれば、（④　　　　　　　　　　　　　　　　　　　　）。
A：そうですね。その点を強調すれば、販路が広がるかもしれませんね。

(2) **販売のDさんと、経理のEさんの会話です。**
D：今回のカタログだけど、今までのF印刷ではなく、別のところに替えてみようかと思うんだけど。
E：えっ、何でまた急に。それほど、ひどいわけでも、高いわけでもないと思いますが。
D：【相手の意見を認め、理由を挙げ意見を述べます】（⑤　　　　　　　　　　）、そうなんですが、印刷技術が古いまま（⑥　　　　　　　　　　　）。（⑦　　　　　　　　　　　　　）、若い人がどんどん辞めている（⑧　　　　　　　　）。
E：でも、替えるとなると、一から説明する必要がありますし……。
D：【相手の意見を認め、理由を挙げ意見を述べます】以前まとめた印刷所を替える際の注意事項も残っているしね、その点は大丈夫だと（⑨　　　　　　　　　　　　）。うん、実はここだけの話だけど、あそこ、経営が厳しく、状態が良くないって話なんだよね。
E：ああ、そういうことなら、仕方ないですね。だから離職者も多いんですね。
D：あそこに頼んでいたところ、いろいろ離れている（⑩　　　　　　　　　　　）。
E：そうですか。わかりました。じゃあ、そうしましょう。

📖 P39　会話例1を確認

説得する

段階をふんで話を進める

問2 会話を完成してください。

(1) コンピュータメーカーのAさんと、IT企業Bさんの会話です。

A：さっそくですが、次年度からSG-2010の導入は、考えていただけましたでしょうか。

B：【長所を認め、まだ決定できていないことを曖昧に表現します】うーん、SG2010の長所は（①　　　　　　　　　）、導入となるとねえ。

A：【Bの所属する会社をほめ、説得します】いやあ、御社の（②　　　　　　　　　　　　）、このサーバーのメリットは十分にご理解していただけると確信を持っております。

B：【理由を挙げ、保留します】（③　　　　　　　　　　）、処理能力や管理しやすさだけでは、財務が首を縦に振ってくれない（④　　　　　　　　　　　）。

A：わかりました。では、再来年の更新では、良い返事をお待ちしておりますよ。

(2) 音響メーカーM社の社員Aさんと、Y電器電気店店員のBさんの会話です。

A：本日お持ちしたサンプルとパンフレットは、弊社が開発いたしました防水ヘッドホンです。スイミングキャップとヘッドセットを一体化させることにより、泳ぎながらでも、いつでも大好きな音楽と一緒、というコンセプトのもと開発いたしました商品です。このモデルは、C社のD対応ですが、順次E社のものも開発する予定です。

B：プールでは、時計なども外すように注意されますが、これは、大丈夫なんですか。

A：【相手の意見を認め、理由を挙げ意見を述べます】（⑤　　　　　　　　　　　　）、携帯音楽プレーヤーは帽子の裏のケースに固定しています。外部に出ることはありませんので、（⑥　　　　　　　　　　　　）。

B：操作性はどうですか？

A：【疑問に答え、セールスポイントを述べます】ええ、ボタンの部分は、特殊シリコンを使う（⑦　　　　　　）、通常と同じ操作性を確保できている（⑧　　　　　　　）。

B：音質はどうですか。

A：【疑問に答え、セールスポイントを述べます】骨伝導システムを採用しておりますので、音質も満足していただけるものと（⑨　　　　　　　）。

B：骨伝導システムですか。でも、この価格は、かなり高めだと思うんですけど。

A：【相手の意見を認め、商品のターゲットを説明します】⑩（　　　　　　　　）、多少高めに設定しております。（⑪　　　　　　　　　）、Dなどを愛用し、プールなどで泳ぐ習慣のある、常に身体に気を遣われる方などには、十分（⑫　　　　　　　　　）商品だと思います。

B：わかりました。これから夏に向けて、防水グッズスペースを作りますので、そちらにおいてみることにしましょう。

📖 P39 会話例2を確認

説得する

段階をふんで話を進める

問3 会話を完成してください。

A：部長、赤字削減策の件なんですが。
B：ああ、以前考えておくように言った件だね。
A：はい。我が社の主力製品は、国内工場で60%、海外工場で40%作られています。
（　①　コスト削減の観点から生産拠点を海外工場に移すことを提案してください。）

_____

B：それはなかなかいい点をついているが……。
A：何か問題がありますか。
B：（　②　相手の提案は人件費削減の点で評価できるが、品質管理の面では、不良ロッドの発生が多く、全体のコスト削減につながらないことを疑問の形で示してください。）

_____

A：（　③　部長の意見の重要性を認めてください。しかしもう一度自分の主張を経費削減の面から繰り返してください。）

_____

B：品質管理についてはどうするかね。
A：（　④　国内工場のベテラン従業員を現地工場の全部門に指導員として派遣する案を提案してください。）

_____

B：うん。そうすれば、きちんと品質管理ができるかもしれないが、通訳の費用はどうする。
A：（　⑤　国内工場の売却益は、移転の費用、通訳の費用を大きく上回り、赤字が解消される見込みであることを述べてください。）

_____

B：その点について、具体的に何か調べたのかね。
A：はい。これをご覧ください。海外に生産拠点を移した場合の費用の試算です。これが現在の用地の売却益の試算です。そしてこれが、品質管理システムの概要です。
（　⑥　品質が維持できれば、コスト削減の大きな効果が上がることを主張してください。）

P39　会話例2を確認

説得する

段階をふんで話を進める

問4 人事部のAさんは、経営企画室のBさんに技術資料翻訳の専門家の採用の人事を提案をします。以下の会話を完成してください。

A：（ ① 即戦力になれる人材を確保するために、国内外を問わず中途採用することを説明してください。）

B：（ ② 今まで行ってきたがうまく定着していない現状を挙げ、質問の形で反対してください。）

A：（ ③ 相手の意見を認めながら、各部局からの要求があるが人材が足りず、しかも育成する時間がないことを理由に説得してください。）

B：（ ④ 相手に理解を示してから、いつも1年未満でヘッドハンティングされているということを挙げ、社内での育成の必要性の観点から、反対してください。）

A：（ ⑤ 相手の意見に対する案も出しながら、社内で育成するには限界があることを理由に半ば強引に説得してください。）

B：（ ⑥ 経営企画室の立場として、中途採用をするなら、専門家の評価に適した給与システムの整備が必要となることを述べ、人事に関する返事を保留してください。）

A：了解しました。人事評価システムの骨子だけでも、次回の定例会にお持ちします。

📖 P40 会話例3を確認

ビジネス文書を学ぶ

ビジネス文書の書式を知る

問1 （①）～（⑦）にあてはまるものをア～キの中から選び、記号で答えてください。

　　　　　　　　　　　　　　　　　　　　　　　　　　　　　　① （　　　）

② （　　　）

　　　　　　　　　　　　　　　④ （　　　）

下記の通り定例営業部会議を開催しますので、ご出席ください。
　　　　　　　　　　　　　　　⑤ （　　　）

1. 日時　4月12日（水）　午後1時～2時
2. 場所　4階会議室
3. ⑥（　　　）　（1）第一四半期の営業実績について
　　　　　　　　（2）代理店との契約見直しについて
　　　　　　　　（3）その他
4. 準備　各課の営業報告書を持参のこと。

　　　　　　　　　　　　　　　　　　　　　⑦ （　　　）
　　　　　　　　　　　　　　　　　　　担当：営業第一課
　　　　　　　　　　　　　　　　　　　　　吉村敦美
　　　　　　　　　　　　　　　　　　　内線　116

ア　記　　　　イ　社員各位　　　ウ　以上　　　エ　20XX年4月5日　　　オ　議題
カ　定例営業部会議開催について（通知）　　　キ　営業部第一課課長　坂本大吾

📖 P43 文書例1を確認

| | II 社内文書 10 |

所属 _____ ____年 __月 __日
番号 _____ 氏名 _____

ビジネス文書を学ぶ

ビジネス文書の書式を知る

問2 以下は、社内会議の議事録の一部です。下の条件にしたがって空欄①～⑩を埋め、議事録を完成させてください。

- 発信日付　20XX年5月18日／・発信者　教育部研修課長　古井久司／・宛先　教育部長　高田富雄
- 5月15日（月）、午前10時から正午まで、本社7階小会議室で、「ロジスティクス新人研修プログラム」第2回運営委員会が開催された。
- 会議には赤石人事部長、野尻国内輸送課長、磯部海外輸送課長、古井教育部研修課長が出席した。
- 会議では、研修期間の短縮、研修用テキストの作成、今後のスケジュールについて話し合いが行われた。

```
                                                    ①_____
②_____
                                                    ③_____

                    ④_____

日　時　⑤_____
場　所　⑥_____
議　題　⑦_____
出席者　⑧_____、野尻国内輸送課長、磯部海外輸送課長、教育部研修課長　古井
議　事　⑨_____
        研修用テキストの作成
        今後のスケジュールについて
経過と内容
  （1）新人研修期間を従来の7日間から5日間に短縮し、カリキュラムを一新、再編成する。
  （2）研修内容の理解を深めるため、事例演習を中心にしたテキストを作成する。
                                                    ⑩_____
```

📖 P43　文書例1を確認

所属 _____ ___年___月___日
番号 _____ 氏名 _____

II 社内文書
11

報告書を作る

過不足なく伝える

問1 下記は20XX年7月3日に提出した月刊売上報告書です。下線部を埋めて文書を完成させてください。

20XX年6月度　月間売上報告書

20XX年7月3日

営業部営業二課　課長　本荘慎太郎

1　概況

　①_____　は、総額200万円で、前月比で見ると5％の増収である。しかしながら、対前年同月比は、7％の減収である。減収は、停滞している景気によるものであり、その状況のなかでの前月比増収は、健闘したと言える。

2　実績

　月間実績推移（グラフ省略）

3　今後の見通しと施策

　恒例の夏期キャンペーンにより、今後の売上は期待できるが、若干マンネリ化傾向が見られるため、宣伝方法など、より効果的な新企画を考案する必要がある。

4　②_____

　資料1.　6月度売上統計

　資料2.　年間売上推移表

　　　　　　　　　　　　　　　　　　　　　　　　　　③_____

📖 P45 文書例1を確認

問2 下記は20XX年7月20日に提出した出張報告書です。下線部を埋めて文書を完成させてください。

---

　　　　　　　　　　　　　　　　　　　　　　　　　①_____

営業部長　阿賀野太郎殿

　　　　　　　　　　　　　　　　　　　　　　営業部　上川泉　印

出張報告書

新製品「釜飯これだけ！」の販売促進活動のため、新潟に出張いたしましたので、②_____

次ページへ続く

報告書を作る

過不足なく伝える

所属 _____ ___年___月___日
番号 _____ 氏名 _____

記

- 出張先　　　　新潟県（新潟市、三条市、長岡市）
- 出張期間　　　20XX年7月15日〜17日
- ③ _____　新潟県での「釜飯これだけ！」の販促活動
- 行動報告　　　7月15日　PM　14：00　新潟着
　　　　　　　　　　　　　　　16：00よりNスーパー新潟店にて打ち合わせ
　　　　　　　　7月16日　AM　10：00よりIマーケット新潟店にて打ち合わせ
　　　　　　　　　　　　　PM　三条市へ移動。14：00よりS市場三条店にて打ち合わせ
　　　　　　　　7月17日　AM　長岡市へ移動。
　　　　　　　　　　　　　　　10：30よりスーパーM長岡店にて打ち合わせ
　　　　　　　　　　　　　　　14：00長岡発
- 〈各店での主な販促活動〉・製品の説明／レシピ紹介（DVD）　・店頭ディスプレイ依頼
　　　　　　　　　　　　　・消費者の傾向について情報収集
- 〈成果〉　　　製品を使った家庭向けレシピを、実際に調理する映像を使って説明したので、よく理解していただけた。店頭ディスプレイとともに、その映像を流してもらう約束を取り付けた。
- 〈④ _____〉説明だけでは、興味を持ってもらうのに苦労した。できれば実際に試食してもらうほうが効果があると思う。
- 〈費用〉　　　15万円
- 〈添付資料〉　製品資料、DVD、新潟県内主要スーパー所在地地図

以上

📖 P46 文書例2を確認

問3　あなたは、新製品「500TK」の売れ行き状況について、都内北エリアの地域を調査しました。発売から4か月間は、前月比約15％ずつ売上を伸ばしていたのですが、今月に入って先月よりも3％減収しています。原因としては、他社の競合製品の発売が考えられそうです。今後の対策としては、商品をもっとアピールすることが必要だと思われます。これらのことをもとに、調査報告書を作成してください。

📖 P47 文書例3を確認

連絡・確認書を書く

簡潔に、的確に伝える

問1　次の連絡書の宛名と署名を考えて書いてください。

```
                                                      20XX年12月1日
①_____

                                      ②_____

                         火災予防のお願い

　表題の件に関しまして、空気が乾燥し、火災がおきやすい時期となりました。下記の点などをお守りいただき、火の元には十分注意するようお願いいたします。
1　所定の場所以外で喫煙をしないでください。また、火が消えていることを十分に確認してください。
2　給湯室を利用される際は、利用後ガスの元栓がしっかり閉まっていることを確認してください。
3　消火器の使用期限が切れているものがあれば総務部にご連絡ください。
                                                              以上
```

P49　文書例1を確認

問2　次の連絡書は営業部長坂本一平氏の送別会の案内です。下線部に文章を書いて、案内書を完成させてください。

```
                                                      20XX年3月1日
社員各位                                        課長　本荘慎太郎
                                   有志代表　北村仁（xxx@kaisha.co.jp）

                         送別会のご案内

_____

_____


1　日　時　　20XX年3月15日　午後7時~9時
2　会　場　　Dホテル2階　和食とら
3　会　費　　5000円（当日徴収）
4　その他　　出欠について、3月10日までに北村までご連絡ください。
                                                              以上
```

P50　文書例2を確認

所属 _____ ___年___月___日	Ⅱ 社内文書
番号 _____ 氏名 _____	**12**

連絡・確認書を書く

簡潔に、的確に伝える

問3　次の依頼書の下線部に入る言葉を考えて書いてください。

20XX年3月1日

営業部営業1課　杉村　伸一様

経理課

書類提出のお願い

　次年度の予算計画作成のため、以下の資料が必要となりますのでご提出をお願いいたします。不明な点がありましたら経理課までお問合せください。

記

1　①_____　20XX年度備品購入計画書（購入比較書添付のこと）
2　②_____　20XX年3月20日
3　③_____　経理課　山本（内線　4060）

以上

📖 P51 文書例3を確認

発展問題

　会社では経費削減のため、プリンタおよびコピー機の使用注意の依頼書を作成しようとしています。以下の条件を含め、社員向けの依頼書を作成してください。条件が提示されていないものは自由に設定して書いてください。

- 掲示日は20XX年1月10日。署名は「総務部長　江崎　満」で。
- 紙やトナーの無駄遣いを減らすために、個人的な用途での印刷や、パソコンで確認可能な社内向け文書の印刷は控えてほしい。
- 裏紙の使用はコピー機の故障につながるので、使わないでほしい。
- 電力の消費を抑制するために、社内向け文書のカラーコピーを控えて、プリンタは常に節電モードにしておいてほしい。

所属 ＿＿＿＿＿＿＿＿＿＿＿＿＿＿＿＿＿＿＿＿＿＿＿＿　＿＿年＿＿月＿＿日
番号 ＿＿＿＿＿＿＿　氏名 ＿＿＿＿＿＿＿＿＿＿

Ⅱ 社内文書
13

議事録を作る

ポイントをまとめる

問1 次の議事録には適切でない箇所があります。次の下線の①〜⑧の中から5つ不適切な箇所・足りない箇所を選び、適切な表現に直して余白に書いてください。

20XX年2月6日

①作成者：佐々木

②20XX年度第2回営業課定例会議議事録

1　日時：③20XX年2月第一水曜日 10：30〜11：30

2　場所：小会議室

3　出席者（敬称略）：④桧山部長，佐藤課長，岩田係長

　欠席者：糸井（出張），青田（年休）

4　⑤議題：

（1）「新入社員向け説明会」名称の統一

　　・⑥これまで「ブリーフィング」と「説明会」が使用されているため、今後は「説明会」を使用することに決定しました。

5　⑦継続審議：＿＿＿＿＿＿

6　依頼・報告・連絡・確認事項：

　次回会議

　日時：20XX年3月3日（木）10：30〜11：30

　場所：小会議室（⑧予定です。営業課の方と相談してから、連絡させていただきます）

📖 P53・54 文書例1・2を確認

所属 _____ _____ 年 ___ 月 ___ 日
番号 _____ 氏名 _____

II
社内文書
13

議事録を作る

ポイントをまとめる

問2 以下の会議での会話を読み、議事録に記載する事項を箇条書きにしてください。

部長：　　　A社・B社との打ち合わせ、どうなってる?

企画課長：　はい、一昨日A社と、そして昨日B社と打ち合わせをしました。企画課内でもミーティングを行いまして、今度のイベントのポスターはA社にデザインから印刷までやってもらうという方向で進めております。

部長：　　　あれ?しかしA社は前回のイベントポスターを頼んだ時にあまりこちら側の意向が反映されなかったって言ってなかったか?

企画課伊藤：2社にポスターのコンセプトを伝えて試作品を持ってきてもらったんですが、A社・B社あまり変わらなかったんです。しかし見積もりを出してもらったところ、B社が提示してきた額がA社の倍近くでして……

部長：　　　先日の会議でちらっと出たC社は?見積もり出してもらったのか。

企画課伊藤：見積もりは出してきたんですが、試作品がまだ来ていないんです。見積額はいちばんよかったんですが、どうも仕事が遅いようで……

部長：　　　C社の試作品を見てから発注かけたらどうだ?少し仕事が遅いかもしれないが、今回のイベントはまだ時間があるだろう?課長、もうA社へは正式に発注かけたのか?

課長：　　　いえ、企画課内でA社に発注かなという段階でして、正式にはまだです。

部長：　　　伊藤君、念のためD社にも見積もりを出してもらえ。あそこは少し高いとは思うが、いい仕事するだろ。早いし。A社の見積もりより若干高く来ても予算はあるからな。とりあえず聞いてみろ。

企画課伊藤：わかりました。

-
-
-
-
-

📖 P53・54 文書例1・2を確認

企画書を作る

説得力のある文章を書く

問1 次の企画書の下線部に入る言葉を考えて入れてください。

高級通販カタログ製作　企画書

企画主旨
- 当社には総合カタログがあるだけで、高級商品に限定したカタログはない。
  ⇒最近消費者の2極化が進行しており、当社としても高額商品の販売は営業上望むところであり、カタログの製作をご承認いただきたくご検討お願いいたします

1　① _____
　　・高額商品の販売促進

2　② _____
　　1　クオリティの高い、雰囲気のあるカタログとする
　　　⇒商品写真にイメージ部分をプラスして、雰囲気のあるカタログを目指す
　　2　見たい商品をさがしやすいカタログとする
　　　⇒ブランド別や価格別に整理し、目的の商品をすぐに見つけられる構成とする

3　③ _____
　　・ブランドや価格別の索引をつける
　　・オールカラー、108ページを想定
　　・デザイン、紙質ともに高級感を持たせる
　　・初回印刷部数　5000部

4　④ _____
　　300万円　（見積もり書を添付）

添付資料
- 見積もり書詳細1通

以上

📖 P57・58 文書例1・2を確認

II 社内文書
14

企画書を作る

説得力のある文章を書く

問2　次の提案書のタイトルを考えて書いてください。

【提案理由】
　多機能製品がふえる中、取扱説明書の役割は大きくなっており、文字数も飛躍的に増加している。いまや製品の一部分と言ってもよいだろう。しかし、当社の取扱説明書は、以前と同じ手法でつくられており、内容構成、目次だて、レイアウトについて十分に工夫されているとは言いがたい。品質向上の一環として、取扱説明書の改善が望まれる。

【改善の方法】
・出版物・広告等の制作会社に制作を外注する。

【問題点】
・外注によって、「本」としての完成度は向上するが、内容面での配慮を十分にできるか。
・機能変更があった場合の改訂が細やかにできるか。

【課題】
・実力があり、正確な仕事ができる外注先の確保。
・当社技術スタッフと外注先のコミュニケーションの方法を確立する。

以上

📖 P59　文書例3を確認

発展問題

　「マックスショップ」では、渋谷に店舗を開こうと考えています。以下の条件で企画書を作ってください。条件が提示されていないものは、自由に設定して書いてください。

- 商品「マックス」は、近年10代女性を中心にシェアを順調に伸ばしている。
- 商品を幅広い年齢層に広めるとともに、消費者の要望や意見をいち早く反映し、だれでも気軽に立ち寄れるショップとして渋谷店を開く。
- 店舗は総面積　80平方メートルで、20XX年7月21日（金）開店予定。
- 初期資金は2000万円、初年度売り上げ目標額は3000万円。
- 添付書類は商品写真5枚、収支概算書1枚、店舗見取図2枚。

所属 _____　_____年 ___月 ___日
番号 _____ 氏名 _____

稟議書を書く

理由を説明する

問1　次の表現をビジネス文書に適したものに書き換えてください。

(1) 机が狭くて、目も疲れるので液晶ディスプレイにしてほしい。

_____

(2) お客さんもとても満足してくれると思います。

_____

(3) 人手が足りないのでアルバイトを雇ってください。

_____

(4) スポーツクラブに行きたいので法人契約してください。

_____

📖 P61・62・63 文書例1・2・3を確認

問2　下記は20XX年9月5日に提出した会議室使用の申請書です。9月25日（水）の午前中に会議室を使用したいと思います。下線部を埋めて文書を完成させてください。

---

　　　　　　　　　　　　　　　　　　　　　　　① _____

総務部長殿

　　　　　　　　　　　　　　　　　　　　販売企画部販売課長　折爪北雄

　　　　　　　　　　② _____

10月の東北地区定例販売会議につき、当社5階の会議室を使用したく、下記の通り申請いたします。

　　　　　　　　　　　　　③ _____

1　会議室名　　本社3階　B会議室
2　使用日時　　9月25日（水）　午前10時～12時
3　使用目的　　10月の東北地区定例販売会議
4　使用人数　　30人

　　　　　　　　　　　　　　　　　　　　　　　　　　　④ _____

📖 P62 文書例2を確認

所属 _____   ___ 年 ___ 月 ___ 日
番号 _____ 氏名 _____

II
社内文書
15

稟議書を書く

理由を説明する

問3 以下の条件に従ってユーザーサポート課新設の上申書を作成してください。条件が提示されていないものは自由に設定して書いてください。

- 提出日付　20XX年6月17日
- 提出者　　H食品　販売部部長　河辺西雄
- 宛先　　　H食品　常務取締役　八戸太郎
- 現状　　　（1）ユーザーサポートは、現在、商品担当がそれぞれ行っているが顧客管理が重複し、業務上のロスが多い。
  　　　　　（2）商品により、問い合わせ先が異なるため、顧客からの苦情が多い。
- 提案　　　業務のロスを減少すると同時にユーザーサポートの質を高めるために、顧客管理を統合したユーザーサポート課を販売部内に設置する。

📖 P63　文書例3を確認

発展問題

あなたの会社では、稟議書のフォーマットが定められていません。そのため、通常の書類形式で稟議書を作成したいと思います。文書中央に「伺い書」と書き、高性能パソコンを購入する稟議書を作成してください。

所属 _____ ____年____月____日
番号 _____ 氏名 _____

Ⅱ 社内文書
16

始末書を書く

状況説明と反省

問1 次の表現をビジネス文書に適したものに書き換えてください。

(1) 私が気をつけていなくて、会社に迷惑をかけました。
_____

(2) みんなに迷惑をかけて、会社の信用がなくなってしまってすみません。
_____

(3) これからはもっと気をつけます。
_____

(4) これからは、もう二度と同じ失敗をしないようにして、仕事をがんばります。
_____

📖 P65 文書例1を確認

問2 下記は20XX年12月20日に提出した顛末書です。20XX年11月30日の自動車事故について下線部を埋めて文書を完成させてください。

---

　　　　　　　　　　　　　　　　　　　　　　　　　　　　　　　① _____

上郷株式会社

総務部長　嵐山高雄殿

　　　　　　　　　　　　　　　　　　　　　　　　　　　　　　販売部販売課長　佐山芳夫

　　　　　　　　　　　② _____

　　③ _____、当販売課所属の高坂寄子運転の社用車の衝突事故につき、経緯をご報告いたします。
　警察等の調べにより、事故は相手方のわき見運転によるものと判定され、0-100の認定が下りております。
　高坂の運転しておりました社用車は、全損に近い状態でございましたが、幸い、高坂には大きなけがはなく、念のため当日病院で診察を受けたものの、その後、通常通りの勤務をこなしております。車両につきましては、原因車両である相手方

次ページへ続く

所属 _____ ___年___月___日
番号 _____ 氏名 _____

II 社内文書
16

始末書を書く

状況説明と反省

の保険代理店から、保険で完全補償する旨の連絡を受けております。
　関係各位には、多大なご心配をおかけいたしましたが、以上のような次第でございますので、このたびの事故につきましては、高坂に対し、ご理解のほどをお願い申し上げます。

④ _____

📖 P66 文書例2を確認

問3　あなたは、資料室から借りていた『消費者動向統計』を電車内に置き忘れてしまいました。このことについての念書を作成してください。

📖 P67 文書例3を確認

発展問題

あなたは、ある会社の社員で受注管理を担当しています。B商事へ注文されたものと違うものを送ってしまいました。始末書を作成してください。

所属 _____ ___年___月___日
番号 _____ 氏名 _____

III 社外文書
17

ビジネス文書を書く

案内状を書く

問1 案内状に書く文として、（　　）に入る適切なものを下のA〜Cから1つ選んでください。

(1) (　　) は格別のご高配を賜り、心より御礼申しあげます。
　　A　日々　　　B　いつも　　　C　平素

(2) (　　) ご参加いただければ幸いです。
　　A　万障　　　B　何卒　　　C　必ず

問2 以下の文を案内状として適切な表現に変えてください。

(1) 新製品を見てもらって、遠慮のない意見をもらえればうれしいです。
　→　新商品を_____。

(2) 忙しいとは思いますけど、ぜひご来場くださいますようお願い申しあげます。
　→　_____、ぜひご来場くださいますようお願い申しあげます。

(3) 研修会を下に書いてあるとおり開催することになりました。
　→　研修会を_____開催することになりました。

問3 以下の会話を読み、案内状を作成してください。

山原：ちょっと、蓮田さん。
蓮田：はい。
山原：今度のICT研修会のことなんだけど。
蓮田：来週の研修会ですか?
山原：うん。さっきの会議で、8月8日の土曜日にやることになったんで、案内状を作ってもらいたいんだけど、いいかな。
蓮田：わかりました。時間と会場はどうなっていますか?
山原：ええと、1時から5時まで。会場はRホテル梅の間。今度の第2回研修会は先月来てくださった方たちだけにしてくれ。

次ページへ続く

所属 ＿＿＿＿＿＿＿＿＿＿＿＿＿＿＿＿＿＿　＿＿年＿＿月＿＿日
番号 ＿＿＿＿＿　氏名 ＿＿＿＿＿＿＿＿＿＿

Ⅲ 社外文書

17

ビジネス文書を書く

案内状を書く

　　　　先月の続きの内容なんで。
蓮田：はい。他に書いておくことはありますか？
山原：ええと、参加費は無料ということ。あと、休憩の時においしいお菓子も用意してますってのも頼む。前回と同じ場所だから、地図はいらないだろ。大切なお客様だから、丁寧なのにしてくれよ。研修会についての質問は君が窓口になってくれ。前回もそうだったよな？
蓮田：承知しました。作成したら山原さんのところに一度持って行きます。
山原：よろしく。

📖 P69・71 文書例1・2を確認

回答書を書く

承諾する場合・断る場合

所属 ＿＿＿＿＿＿＿＿＿＿＿＿＿＿＿＿＿＿＿＿＿ ＿＿＿年＿＿＿月＿＿＿日
番号 ＿＿＿＿＿＿＿＿＿ 氏名 ＿＿＿＿＿＿＿＿＿＿＿

Ⅲ 社外文書 18

問1 下の文書は、注文を承諾する文書です。下線部を埋めて文書を完成させてください。

20XX年3月27日

株式会社　Hハウス
営業部長　橋本正毅様

株式会社　S製作所
営業部　村田明宏

「防災ヘルメットSY200」ご注文の承諾について

　① ＿＿＿＿＿＿＿　貴社ますますご清栄のこととお慶び申し上げます。平素は格別のお引き立てにあずかり、厚く御礼申し上げます。
　さて、3月24日付の貴信にてご注文いただきました「防災ヘルメットSY200」の件でございますが、確かに　② ＿＿＿＿＿＿＿＿＿＿＿＿＿＿＿＿＿＿＿＿＿＿＿＿＿＿＿＿＿。ご用命、誠にありがとうございました。
　さっそく出荷の手配をいたしました。ご指定の納期3月31日までに到着の予定でございます。
③ ＿＿＿＿＿＿＿＿＿＿＿＿＿＿＿＿＿＿＿＿＿＿＿＿＿＿＿＿＿＿＿＿＿＿
まずは、ご通知かたがたお礼まで。

敬具

記

商品名：防災ヘルメットSY200
数　量：30個
単　価：2500円／1台（消費税別）
納　期：3月30日
納品先：貴社本社ビル販売部
支払い期日：20XX年4月30日
支払い方法：T銀行弊社口座振込
備　考：納品書・請求書は製品に添付

以上

📖 P72 文書例1を確認

所属 _____ ___年___月___日
番号 _____ 氏名 _____

III
社外文書
18

回答書を書く

承諾する場合・断る場合

問2 次の表現をビジネス文書に適したものに書き換えてください。

(1) 7月9日付のお手紙で「六角ボルトねじN58」の納期を延期してほしいと書いてありましたが、延期してもいいです。

_____

(2) でも、今後は納期をきちんと守ってほしい。

_____

📖 P74 文書例2を確認

問3 以下の条件に従って注文を断る文書を作成してください。条件が提示されていないものは自由に設定して書いてください。

- 発信日付　20XX年4月10日
- 発信者　株式会社　E乳業　営業部　黒田伸太郎
- 宛先　株式会社　Mフーズ　仕入部　小川真司
- 対象商品　プレミアムホイップバターR
- 断る理由　予想以上の人気で現在は品切れ
- 今後の見込み　各工場で増産体制を組んだので5月以降は在庫を十分に確保できる見込みなので、また注文してほしい

📖 P75 文書例3を確認

所属 _____ ____ 年 ___ 月 ___ 日
番号 _____ 氏名 _____

III 社外文書
19

依頼状を書く

配慮しつつお願いする

問1 次の文章は見積もり依頼書の一部です。下線部を適切な表現に書き換えてください。

拝啓
① <u>最近</u>　ますますご清栄のこととお喜び申し上げます。
　さて、このたび　② <u>私たちの会社</u>　では、携帯電話の新製品を発売いたします。報道発表に先立ち、下記の通り販促用の印刷物を取り揃えたいと思っております。
　つきましては、見積書を作成いただき、忙しい中恐縮ですが、9日までにご送付いただくようお願い申し上げます。
　　　　　　　　　　　　　　　　　　　　　　　　　　　　　　　　　　　　敬具

---

① _____　　② _____

📖 P77 文書例1を確認

問2 次の文は20XX年10月3日に発信されたアンケートの依頼状です。下線部を埋めて文書を完成してください。

---

　　　　　　　　　　　　　　　　　　　　　　　　　　① _____

企業各位
　　　　　　　　　　　　　　　　　　　　　　　　東都大学　就職部長　片山　博之

　　　　　　　　　　② _____

拝啓
　時下、ますますご清栄のこととお慶び申し上げます。
　この度、本学就職部は各企業を対象として企業が求める人材のアンケート調査を実施することとなりました。
　そこで　③ _____　と思い、ここにお願いのお手紙を差し上げました。
　これらのデータは、本学における就職指導をよりよいものにするためのものです。個人情報については厳守いたしますので、皆様にご迷惑をおかけすることは決してありません。何卒この調査にご協力下さいますよう、お願い申し上げます。
　なお、本件に関するお問い合わせは、本学就職部までお願いします。
　　　　　　　　　　　　　　　　　　　　　　　　　　　　　　　　　　　　敬具

📖 P78 文書例2を確認

所属 _____	_____ 年 ___ 月 ___ 日	
番号 _____ 氏名 _____		

III 社外文書 19

依頼状を書く

配慮しつつお願いする

問3 以下の条件にしたがって、新規取引の依頼状を作成してください。条件が設定されていないものは自由に設定してください。

- 発信日時： 20XX年7月24日
- 依頼先： Nスーパー　仕入れ担当部長
- 発信者： Aトイズ株式会社　代表取締役　林正文
- 会社概要： 1990年創業。子供向け玩具の製造・販売。「口に入れても安全なおもちゃ」がメイン商品で関東圏を中心に出荷。
- 取引依頼理由： 「頭にいいおもちゃ」を開発したのを機会に、全国展開しているNスーパーで製品を扱ってほしい。
- 同封資料： 会社経歴書、商品カタログ

P79 文書例3を確認

発展問題

あなたはT工業の開発部の社員です。G産業技術部の大村徹さんからエンジンの改良についての依頼を受けています。完成間近で最終打ち合わせを行おうと思います。電話で最終確認の日程を確認するという文書を書いてください。

所属 ＿＿＿＿＿＿＿＿＿＿＿＿＿＿＿＿＿＿＿＿＿＿＿＿＿ ＿＿年＿＿月＿＿日
番号 ＿＿＿＿＿＿＿＿＿ 氏名 ＿＿＿＿＿＿＿＿＿

Ⅲ 社外文書
20

詫び状を書く

不備の謝罪・責任範囲の明確化

問1 ①にはこの詫び状のタイトルを、②には誤配送の原因を書いてください。

20XX年11月12日

A商事（株）営業部部長　藤川悟様

K産業（株）営業部部長　久保田徹

　　　　　　　　　　　　　　　①　＿＿＿＿＿＿＿＿＿＿＿＿＿＿

拝啓
　このたび、弊社からの発注品目において誤りがあり、お忙しいところ品物の交換をしていただくこととなり、貴社の皆様方に大変ご迷惑をおかけいたしました。心からお詫び申し上げます。
（　②　誤配送の原因：会社のチェック体制の甘さが原因だということを書いてください。）

　　
　　
　　

　今後は、速やかにミスの発生を防止する体制を築き、二度と貴社にこのようなご迷惑をおかけしないようにいたします。まずは、お詫びかたがたお礼申し上げます。

敬具

📖 P81・82 文書例1・2を確認

| 所属 _____ ___年 ___月 ___日
| 番号 _____ 氏名 _____

Ⅲ 社外文書 20

詫び状を書く

不備の謝罪・責任範囲の明確化

問2　次の文章は品切れのお詫び状です。下線に言葉を入れてください。

拝啓
①＿＿＿＿＿＿＿＿＿＿＿＿＿＿＿＿＿＿＿＿＿＿＿＿＿＿＿＿＿＿＿＿＿＿＿＿

　さて、本日は「特濃青汁」を1箱ご注文戴きましたが、予想以上のご好評で生産が追い付かず現在品切れになっております。
　需要にお応えするため全工場をあげて増産に励んでおりますが、ご注文がかなりございまして、今からですと2週間先でないとお納めできません。まことに恐縮ではございますが、諸事情を御賢察下さいまして2週間先の納品をお認めくださいますよう、お願い申し上げます。
（　②　2週間先納品でも構わないか、連絡がほしいということを書いてください。）
＿＿＿＿＿＿＿＿＿＿＿＿＿＿＿＿＿＿＿＿＿＿＿＿＿＿＿＿＿＿＿＿＿＿＿＿＿＿

まずは、お詫びかたがた、お願いを申し上げます。

敬具

📖 P83 文書例3を確認

発展問題

あなたはS工業の社長の太田光男さんです。次の条件で詫び状を書いてください。
- 日　付：20XX年4月11日
- 宛　先：Y産業　社長　黒田　康介
- 内　容：注文を受けた部品の誤配送
- 原　因：商品出荷時のピッキングミス。出荷前には二重チェックと検品を実施しているが、特注品だったため、出荷前の検品ラインに乗らずに出荷をしてしまった。
- 対　応：注文の品を届ける。社内で再度チェックしてはいるが、届いたら確認してほしいということをお願いする。

III 社外文書

21

督促状・抗議状を書く

婉曲的な申し入れ

所属＿＿＿＿＿＿　＿＿年＿＿月＿＿日
番号＿＿＿＿＿　氏名＿＿＿＿＿＿＿

問1 次の催促状の表現をビジネス文書に適したものに書き換えてください。

(1) いつもたくさん取引をしてくださってありがとう。

＿＿＿＿＿＿＿＿＿＿＿＿＿＿＿＿＿＿＿＿＿＿＿＿＿＿＿＿

(2) お宅の使っている銀行口座に振り込んだけど、確かめてくれた？

＿＿＿＿＿＿＿＿＿＿＿＿＿＿＿＿＿＿＿＿＿＿＿＿＿＿＿＿

(3) 忙しいとは思うけど

＿＿＿＿＿＿＿＿＿＿＿＿＿＿＿＿＿＿＿＿＿＿＿＿＿＿＿＿

(4) こちらも経理上のことがあるから、早く送ってください！

＿＿＿＿＿＿＿＿＿＿＿＿＿＿＿＿＿＿＿＿＿＿＿＿＿＿＿＿

📖 P85 文書例1を確認

問2 下記は20XX年10月3日（水）に発信された督促状です。下線部を埋めて文書を完成させてください。

```
                                              ① ＿＿＿＿＿＿＿＿
株式会社　OK興産
経理部長　山口　一郎　様
                                        株式会社　Sテクノロジー
                                        経理部長　島根　三郎

             レーザーポインター代金について（ ② ＿＿＿＿＿＿ ）

拝啓　③ ＿＿＿＿＿＿＿＿
　さて、9月12日付で納品させていただきました「レーザーポインターBBB-540」30本の代金につきまして、お支払い期限を過ぎた今日現在、未入金のままになっております。
```

次ページへ続く

所属 _____ _____ 年 ___ 月 ___ 日
番号 _____ 氏名 _____

III 社外文書 21

督促状・抗議状を書く

婉曲的な申し入れ

　　何かの手違いかと存じますが、貴社ご帳簿とご照合の上、至急ご送金くださいますようお願いいたします。

　④ _____

　　まずは書面にてお願い申し上げます。

　　　　　　　　　　　　　　　　　　　　　　　　　　　　　　敬具

📖 P86 文書例2を確認

問3　以下の条件に従って不良品交換のための抗議状を作成してください。条件が提示されていないものは自由に設定して書いてください。

- 発信日付：20XX年10月3日
- 発信者　：株式会社　N工業　営業部　渋谷秋子氏
- 宛　先　：株式会社　M産業　営業部　大久保春美氏
- 対象商品：デジタルフォトフレーム　型番CCC-880
- 交換事由：120個中7個に、フレームのラインストーンの欠落が見つかった。

📖 P87 文書例3を確認

発展問題

　あなたはあるスーパーの仕入れ担当です。ある日、納入されてきたイチゴジャムの検品作業中にカビが見つかりました。不良品のジャムはビンの蓋がゆるんでいるようです。調べてみると20個入り5箱のうち1箱には、いくつかカビの出たものが混じっています。この1箱を返品するとともに納入業者に再発防止を促す文書を書いてください。

所属 _____　____ 年 ____ 月 ____ 日
番号 _____　氏名 _____

付録① 発展問題用解答用紙

所属　　　　　　　　　　　　　　　　　　　　　　　　　　　　　　　年　　月　　日

番号　　　　　　　　氏名　　　　　　　　　　　　　　

付録①　発展問題用解答用紙

所属　　　　　　　　　　　　　　　　　　　　　　　　　　　　　　　

番号　　　　　　　　氏名

付録① 発展問題用解答用紙

付録① 発展問題用解答用紙

所属 _____　_____ 年 ____ 月 ____ 日

番号 _____　氏名 _____

付録① 発展問題用解答用紙

所属 ＿＿＿＿＿＿＿＿＿＿＿＿＿＿＿＿＿＿＿＿　　＿＿＿年＿＿月＿＿日

番号 ＿＿＿＿＿＿＿＿＿　氏名 ＿＿＿＿＿＿＿＿＿＿＿＿

付録① 発展問題用解答用紙

所属 _____　_____ 年 ___ 月 ___ 日

番号 _____　氏名 _____

付録 ②　発展問題用解答用紙

所属 _____ _____ 年 ___ 月 ___ 日

番号 _____ 氏名 _____

付録 ②　発展問題用解答用紙

所属 ＿＿＿＿＿＿＿＿＿＿＿＿＿＿＿＿＿＿＿＿＿＿　　＿＿＿＿ 年 ＿＿ 月 ＿＿ 日

番号 ＿＿＿＿＿＿＿＿＿＿　　氏名 ＿＿＿＿＿＿＿＿＿＿＿＿＿

付録 ②　発展問題用解答用紙

番号 ＿＿＿＿＿＿＿＿＿＿　　氏名 ＿＿＿＿＿＿＿＿＿＿＿＿＿

所属 _____ _____ 年 ___ 月 ___ 日

番号 _____ 氏名 _____

付録 ②　発展問題用解答用紙

所属 _____ _____ 年 ____ 月 ____ 日
番号 _____ 氏名 _____

付録③　封筒（縦書き）

（表面）　　　　　　　　　　　（裏面）

所属 _____ ___ 年 ___ 月 ___ 日

番号 _____ 氏名 _____

付録④　封筒（横書き）

(表面)

(裏面)